»Flüsse sind wie ein Longdrink – berauschend und verführerisch!«

Sylke Zimmermann

Torsten Berning

Flüsse, Freiheit, WOHNMOBIL

DEUTSCHLANDS FLÜSSE ENTDECKEN
GLÜCK AUF VIER RÄDERN

BRUCKMANN

INHALTSVERZEICHNIS

Stellplatz am Jachthafen Fuestrup bei Greven.

Blick auf den Hafen von Anklam mit Stellplatz.

Vielfalt, Kultur und Abenteuer an Deutschlands Flüssen

Der Titel sagt eigentlich schon alles, meint man im ersten Augenblick. Doch welche Vielfalt wirklich dahintersteckt, erkennt man erst im zweiten Moment. So abwechslungsreich die Landschaft unserer Heimat ist, so mannigfaltig sind natürlich auch die Flussläufe. Dabei kommt es gar nicht so sehr auf das Ausmaß der Wasserstraßen an, sondern vielmehr auf deren Freizeitangebote und die Wünsche des Wohnmobil-Teams. »Klein, aber fein« kann dabei allemal genauso attraktiv sein wie eine Großstadt mit UNESCO-Kulturerbe.

Genauso stellt sich auch die von uns getroffene Auswahl dar. Mal ist das Ziel ein Teilabschnitt an der Elbe mit einer Stadt wie Magdeburg oder Heidelberg am Neckar. Ein weiteres Mal ist es das kleine Kipfenberg an der Altmühl oder eine Ortschaft wie Körle an der Fulda, von der der gemeine Wohnmobilist wahrscheinlich noch nie in seinem Leben gehört hat.

Aber genau das macht unser Hobby und die empfundene Leidenschaft aus. Die Freiheit, an Orten zu bleiben und Dinge wahrzunehmen, die sonst niemals auf unserer Agenda stehen würden, das sind besondere Erlebnisse und Abenteuer, die man nicht vergisst. Genau darin besteht schließlich auch das hohe »Suchtpotenzial« beim mobilen Reisen. Denn wie sagt

Stell- und Zeltplatz Hammermühle im Altmühltal.

der Engländer so schön? »My home is my castle.« Das fahrende Vier-Zimmer-Haus bietet uns Wohnzimmer, Schlafzimmer, Küche, Bad und dazu noch Keller sowie den Nutzen als Lastesel für Fahrräder, Kanu oder ähnliche Freizeitutensilien, die jeden Aufenthalt zum Genuss werden lassen.

Dabei spielt es letztendlich keine Rolle, ob es sich um eine Auszeit von zwei Tagen oder zwei Wochen handelt, weil das Wohnmobil ein Freizeitmobil und kein Urlaubsmobil ist! Hat man diesen Gedanken erst einmal verinnerlicht, wird sich der Spaßfaktor für alle Altersklassen immer weiter erhöhen. Ob die ganze Familie mit Kind und Hund on tour ist oder Oma und Opa mit den Enkeln, das Reiseziel ein Popkonzert, ein Grillabend mit Freunden oder die gemeinsame Urlaubsfahrt mit Gleichgesinnten – unterhaltsam und erholsam soll es werden!

Darum entdecken Sie mit uns gemeinsam das Glück auf vier Rädern in allen Himmelsrichtungen durch das wunderschöne Deutschland!

Ihr Reiseteam Torsten Berning,
Sylke Zimmermann & Bordhund Henry

Stell- und Campingplatz am
Ufer der Ems bei Leer.

Abendstimmung am
Leuchtturm Wittenbergen
an der Unterelbe.

DIE ELBE

Imposant durch Stadt und Land

Auf 1.112 Kilometer schlängelt sich der Elbestrom von Tschechien bis Brunsbüttel, wo er sich in die Nordsee ergießt. Allein die 90 Kilometer von der Mündung bis nach Hamburg sind so abwechslungsreich, dass man dort einen ganzen Urlaub verbringen kann.

Mächtige Überseeschiffe bahnen sich auf dem fünf Kilometer breiten Fluss ihren Weg in die weite Welt! Wer vom Elbufer aus so einen Ozeanriesen vorbeiziehen sieht, wird staunen, wie groß sie aus der Nähe wirklich sind. Daneben erstreckt sich bescheiden wie eh und je das Alte Land mit seinen Abertausenden von Obstbäumen, während wir das herrliche Panorama vom Wohnmobilstellplatz aus genießen. Dann geht es weiter, vorbei an geschichtsträchtigen Orten wie Lauenburg, Dömitz, Wittenberge und Tangermünde. Große Städte wie Magdeburg, Dessau oder Dresden, aber auch kleine Orte wie zum Beispiel Barby im Biosphärenreservat Mittlere Elbe haben allesamt ihren Reiz. Eine tolle Mischung aus Aktivitäten und Erholung kann man an einer Vielzahl von Stellplätzen entdecken.

»TOP 3 STELLPLÄTZE DER REGION«

- Stellplatz am Gorleber Haken,
  Ringstr. 7–9,
  29475 Gorleben,
  GPS-Daten 53°02'59" N, 11°21'04" E
- Anlegestelle Weisseflotte,
  Petriförder 1,
  39104 Magdeburg,
  GPS-Daten 52°8'2,5" N, 11°38'59" E
- Caravaning Park Schaffer-Mobil,
  Kötschenbroder Str. 125,
  01139 Dresden,
  GPS-Daten 51°5'7" N, 13°14'53" E,
  www.schaffer-mobil.de

Historische Häuser reihen sich im Hafen von Stade aneinander.

1 GLÜCKSTADT Maritimes Flair und Matjeswochen

Die Stadt an der Unterelbe mit ihrem sechseckigen Grundriss ist berühmt für ihre Matjeshering-Produktion. Die gastfreundlichen Einwohner laden die Touristen genauso gerne zu ihren traditionellen Matjeswochen ein wie zu einem schönen Wochenende. Mehrere Stellplätze und vor allem die Elbfähre nach Wischhafen bieten dem Wohnmobilfahrer viele Möglichkeiten, eine erlebnisreiche Zeit zu verbringen. Die historische Altstadt ist fast komplett erhalten und das Brockdorff-Palais von 1632 wirklich sehenswert.

TIPP

Die Elbfähre nach Wischhafen verkehrt ganzjährig, 25 Minuten dauert die Überfahrt über den imposanten Fluss. An der Nordermole von Glückstadt lädt der gut ausgebaute Stellplatz zur Übernachtung ein. 10 € für 16 Mobile, Am Hafen 53, 25438 Glücksstadt, GPS-Daten 53°47'7" N, 9°24'33" E

2 STADE Hansestadt mit Prachtbauten

Die tolle Lage und Ausstattung des Stellplatzes am Schiffertor verpflichtet den Wohnmobilisten praktisch dazu, die Einladung Stades anzunehmen. Die Altstadt an der Schwinge und dem Burggraben ist ein Gesamtkunstwerk. Über den neuen Pferdemarkt ist man in zehn Minuten mittendrin. Alte Hansehäuser und sehr schöne Kaufmannsvillen aus dem 18. Jahrhundert wechseln sich ab. Mit dem Fahrrad ist man am Schwingendeich entlang in 15 Minuten am Elbufer von Stadersand, direkt am Bootsanleger Richtung Hamburg.

TIPP

Stellplatz am Schiffertor, Schiffertorstr. 21, 21682 Stade, GPS-Daten 53°36'10" N, 9°27'56,6" E, www.stade-tourismus.de

Der Glückstädter Binnenhafen.

Wunderschöne Natur im ehemaligen Grenzgebiet.

4 GORLEBEN Idylle und Ruhe im Wendland

Der Stellplatz am »Gorleber Haken« ist ein Geheimtipp, denn leider wird die Gemeinde oft nur auf die vergangenen Zeiten der Atommülltransporte reduziert. Dabei ist das Gebiet im Biosphärenreservat Niedersächsische Elbtalaue ein wahrer Genuss für Mensch und Tier. Hier kann man herrlich entspannen und mit dem Hund oder Fahrrad kilometerweit umherziehen, ohne auf irgendjemanden zu treffen! In der Nähe befindet sich auch die »Erlebnisroute der deutschen Einheit« mit blühenden Kornblumen, Schweinen oder Hühnern, die den Weg kreuzen.

TIPP

Vom kleinen Hafen sind es 1200 Meter bis ans Elbufer, die Kaminstube von Peter Stecher lädt fußläufig erreichbar zu einer guten Mahlzeit zu zivilen Preisen ein. Stellplatz am Gorleber Haken, Ringstr. 7–9, 29475 Gorleben, GPS-Daten 53°02'59" N, 11°21'04" E

3 LAUENBURG Geschichte an der Alten Salzstraße

Die alte Schifferstadt, südlichste Stadt Schleswig-Holsteins, erwartet ihre Gäste mit Fachwerkhäusern, historischen Dampfschiffen und einem wunderbaren Elbweitblick. Die liebevoll sanierten Häuser in den Kopfsteinpflastergässchen bilden das größte Denkmalensemble im Norden. Die Wasserstraße lädt zur Bootstour ein, Elberadweg, Alte Salzstraße und der Fernweg Hamburg-Rügen eignen sich gut für Fahrradtouren, zum Beispiel entlang des Elbe-Lübeck Kanals. Das Schloss erinnert an die Zeit der askanischen Herzöge.

TIPP

Direkt an der Marina wartet der toll gelegene Stellplatz für bis zu 20 Wohnmobile mit allem Komfort wie Stromanschluss, sanitärer Ver- und Entsorgung sowie Dusche und einer netten Gaststätte auf. 12 €, Hafenstr. 14 B, 21481 Lauenburg, GPS-Daten 53°22'19" N, 10°33'57" E

5 TANGERMÜNDE Wo Tanger und Elbe sich treffen

Vom Stellplatz geht es bequem zu Fuß in die Altstadt, zudem führt ein Wanderweg direkt an die Elbauen, diesen kann man als Rad- oder Spazierweg nutzen. Vor dem Erreichen der Elbe ist übrigens rechter Hand ein kleiner See, der sich sehr gut für Hunde als Badestelle eignet! Empfehlenswert ist der Weg entlang des Tangermünder Hafens, an dessen Ende man den Schlossberg erklimmen kann. Hier oben kann man Burg und Schloss entdecken und hat außerdem einen tollen Blick über das Tal mit Tanger und Elbe.

TIPP

Stellplatz am Tangerufer, Klosterberg, 39590 Tangermünde, GPS-Daten 52°32'17" N, 11°58'7.7" E, www.tourismus-tangermünde.de

Seitenarm der Elbe
in Gorleben

Der Magdeburger Stellplatz für Wohnmobile liegt stadtnah am Elbufer.

6 MAGDEBURG Elbuferradweg vor der Wohnmobiltür

Stadtbild und Geschichte der Landeshauptstadt von Sachsen-Anhalt wurden von Kaiser Otto dem Großen und dem Physiker und Erfinder Otto von Guericke geprägt. Ein Ganzjahresziel für Kulturinteressierte mit dem Dommuseum Ottonianum und dem Kunstmuseum im Kloster Unser Lieben Frauen. Am nördlichen Altstadtzugang findet man die täglich geöffnete Touristeninformation. Ebenfalls nicht verpassen sollte man die Grüne Zitadelle, das letzte Großprojekt des berühmten Künstlers und Architekten Friedensreich Hundertwasser.

TIPP

Idyllisch am Flussufer liegt der Wohnmobilstellplatz Anlegestelle Weisseflotte für 50 Fahrzeuge, direkt am Elbuferradweg. Die Altstadt ist gut zu Fuß erreichbar. Petriförder 1, 39104 Magdeburg, GPS-Daten 52°8'2,5" N, 11°38'59" E

7 DRESDEN Elbflorenz und die Perle Sachsens

Der nächste Stopp im Lauf der Elbe sollte diese Stadt sein. Dresdner Zwinger mit Kronentor, Semperoper, Taschenbergpalais, Gemäldegalerie der Alten Meister oder die Frauenkirche sowie das Residenzschloss, um nur die bekanntesten Sehenswürdigkeiten zu erwähnen! Egal, ob man im Sommer am Elbufer flaniert oder zur Weihnachtszeit den berühmten Striezelmarkt besucht, um dann in der Abendstimmung am Goldenen Reiter bei Watzkes Brauhaus einzukehren: Bei diesem Angebot findet jeder das Richtige für sich.

TIPP

Mit der Straßenbahn sind es gerade mal 15 Minuten vom Caravanpark Schaffer-Mobil in die Innenstadt. Die Anlage bietet 100 Stellplätze mit allem Komfort, und das mitten in den Elbtalauen, perfekt! Kötschenbroder Str. 125, 01139 Dresden, GPS-Daten 51°5'7" N, 13°14'53" E

Eine der Dresdner Elbbrücken:
die Loschwitzbrücke.

Der Hafen von Tönning.

DIE EIDER

Der Fluss und der Kanal

Bis zum Ende des 19. Jahrhunderts war die Eider mit 188 Kilometer der längste Fluss in Schleswig-Holstein. Dann wurde ihr zugunsten des Nord-Ostsee-Kanals ein Teil genommen. Das hat für uns den Vorteil, dass wir uns ab Rendsburg ein Stück an der meistbefahrenen Wasserstraße der Welt bewegen werden.

Auf dem Weg Richtung Norden, sei es nun zum Nordseebadeort St. Peter-Ording, zur Insel Sylt oder noch weiter nördlich über die Landesgrenze zur dänischen Westküste, kommt man fast zwangsläufig auf der B202 über das Eidersperrwerk bei Tönning. Es wurde als Hochwasserschutz für die Marschländer zur Nordsee gebaut. Somit verloren die Sturmfluten ihr Angstpotenzial, und der Tidenhub, dessen Auswirkungen in früheren Zeiten immerhin bis Rendsburg spürbar gewesen waren, verlor seinen Einfluss. Somit ist gesichert, dass die Schafe heute keine nassen Füße mehr bekommen und auch, dass die Wohnmobile schöne wassernahe Stellplätze mit Ausblick einnehmen können!

»TOP 3 STELLPLÄTZE DER REGION«

- Stellplatz Eiderblick,
  Am Freizeitpark 1a,
  25832 Tönning,
  GPS-Daten 54°18'32" N, 8°56'14,5" E
- Wohnmobilstellplatz am Halbmond,
  Halbmond 1,
  25840 Friedrichstadt,
  GPS-Daten 54°22'19" N, 9°5'12,4" E
- Stellplatz Am Kreishafen 30–32,
  24768 Rendsburg,
  GPS-Daten 54°17'39" N, 9°40'54" E

Die Eider mit Blick vom Kapitänshaus.

2 FRIEDRICHSTADT

Sind wir denn in den Niederlanden?

Die Stadt zwischen Eider und Treene heißt mobile Gäste auf einem exzellent ausgebauten Wohnmobilstellplatz herzlich willkommen! Die historischen Treppengiebel der bunten Häuser und die malerischen Grachten machen sie zur Holländerstadt an der Nordsee. Zu jeder Jahreszeit ist hier etwas geboten. Viele individuelle Geschäfte und Kunsthandwerk laden zum Bummeln ein, in Trachten gehüllte Stadführer bieten Spaziergänge mit Info an, und geschickte Bootsführer steuern Sie durch die Grachten.

TIPP

Den Wohnmobilstellplatz am Halbmond kann man getrost als Wohnmobilcampingplatz bezeichnen, denn er verfügt über alle Annehmlichkeiten bis hin zum Sanitärgebäude. Halbmond 1, 25840 Friedrichstadt, GPS-Daten 54°22'19" N, 9°5'12,4" E

1 TÖNNING

Freier Blick bis zur Nordsee

Ein toller Stellplatz, eine historische Altstadt und frische Fischbrötchen – Wohnmobilist, was willst du mehr? Das Städtchen auf der Eiderhalbinsel wirkt dank Umgehungsstraße Richtung St. Peter-Ording sehr ruhig und beschaulich. Mit dem Multimar Wattforum hat es zudem das größte Infozentrum für den Nationalpark Schleswig-Holsteinisches Wattenmeer. Die riesigen Aquarien sind ein echter Hingucker, und so mancher Besucher wird erstaunt sein zu erfahren, wie viel Leben es in der Nordsee so gibt.

TIPP

Der Stellplatz Eiderblick am Kapitänshaus bietet Platz für 40 Wohnmobile aller Gewichtsklassen. Der Ort und das Wattforum sind von dort aus zu Fuß erreichbar. Morgenluft mit Salzgeschmack zum Kaffeeduft! Am Freizeitpark 1a, 25832 Tönning, GPS-Daten 54°18'32" N, 8°56'14,5" E

3 PAHLEN

An den Windungen des Flusses

Da man den Windungen der kleinen Eider nicht immer direkt am Uferrand folgen kann, lohnt sich z. B. ein Abstecher nach Pahlen. Der Teil mit kleinem Hafen und Stellplatz nennt sich Pahlhude. Schon bei der Ankunft hat man das Gefühl, bleiben zu wollen. Also schnell einige Meter zum Hafenmeister gehen und sich anmelden, bevor es ein anderer tut! Es ist herrlich, durch die Felder und Wiesen zu spazieren oder bei einer Kanutour den Anglern zuzuschauen und vielleicht einen fangfrischen Fisch zum Grillen zu ergattern.

TIPP

Dieser Wohnmobilstellplatz bietet direkt am Bootsanleger Platz für mindestens fünf Mobile. Beim Bootshaus gibt es sogar Duschen, die man nutzen darf. 8€, Fischerstr. 15, 25794 Pahlen, GPS-Daten 54°16'16,6" N, 9°18'2,8" E

Kulisse mit Holländerhäusern in Friedrichstadt.

Idylle am Hafen von Pahlen.

Hier ist immer was los – Stellplatz Schiffbegrüßungsanlage Rendsburg.

4 RENDSBURG Der Nord-Ostsee-Kanal lässt grüßen

Im weiteren Verlauf geht es durch liebliche Moor- und Marschlandschaft. Unterwegs kann man in einem der Gasthäuser einkehren, die oftmals in reetgedeckten Katen beheimatet sind. Übrigens verfügen diese oft über großzügige Parkflächen, wo man auf Nachfrage auch die Nacht verbringen kann. Nächster Zielort ist Rendsburg, das im direkten Einzugsbereich des Nord-Ostsee-Kanals liegt. Schon längst hat man hier, ähnlich wie an der Mosel, den Wohnmobiltouristen als willkommenen Gast für sich entdeckt. Allein im nahen Umkreis gibt es für mehr als 200 Fahrzeuge die Möglichkeit, das bunte Treiben auf der künstlichen Wasserstraße zu verfolgen. Rendsburg verbindet die beiden Landesteile Schleswig und Holstein. Die historische Altstadt liegt dabei auf einem Werder (norddeutsch: »kleine Insel«) und wird dabei vom Grenzfluss Eider umschlossen.

TIPP

Direkt an der Hochbrücke befindet sich die Schiffbegrüßungsanlage. Hier hört man den ganzen Tag Schiffsnamen und kann das einmalige Flair genießen. Übrigens: Zum Stellplatz sind es gerade mal 200 Meter. Am Kreishafen 30–32, 24768 Rendsburg, GPS-Daten 54°17'39'' N, 9°40'54'' E

Der Stadtteich im Zentrum
von Bad Salzungen.

FULDA UND WERRA

Irgendwo mittendrin

Diese Flüsse gehören weder ganz in den Norden noch in den Osten, dann schon eher in die Mitte. Doch eines steht fest, so sagt es ein Stein am Zusammenfluss der beiden Flüsse: „Wo Werra sich und Fulda küssen. Sie ihre Namen büßen müssen. Und hier entsteht durch diesen Kuss Deutsch bis zum Meer der Weser Fluss."

Der schöne Schauplatz dieses Kusses ist Hann. Münden und die Weser durchfließt den Norden bis zu ihrer Mündung in die Nordsee. Der Fluss hat an seinem Lauf von der Rhön eben bis zu besagtem Kuss mit Städten wie Fulda, Kassel, Bad Hersfeld oder Rotenburg wirklich einiges zu bieten. Hierzu gehören der 250 Kilometer lange Fulda-Radweg oder das UNESCO-Weltkulturerbe Bergpark Wilhelmshöhe in Kassel. Der ehemalige Grenzfluss Werra wartet ebenfalls an beiden Seiten mit viel unberührter Natur auf, und Städte wie Eisenach mit der Wartburg oder Bad Salzungen sind nahe und lohnenswerte Ziele für Ausflüge mit ein bisschen Kulturprogramm. Für eine spannende und abwechslungsreiche Tour mit interessanten Orten und vielen schönen Wohnmobilplätzen ist also bestens gesorgt!

»TOP 3 STELLPLÄTZE DER REGION«

- Wohnmobilstellplatz an der Fuldaaue,
  Giesenallee 7,
  34121 Kassel,
  GPS-Daten 51°17'29" N, 9°29'11,4" E
- Stellplatz Unter den Linden 1,
  99830 Treffurt,
  GPS-Daten 51°08'1" N, 10°14'12" E
- Stellplatz Bad Salzungen,
  Fößrasen 5,
  36433 Bad Salzungen,
  GPS-Daten 50°48'55" N, 10°14'15" E

Die Fuldaauen mit Blick zur
Innenstadt von Kassel.

Erhabener Blick des
Herkules über den Bergpark
und das Kasseler Becken.

1 KASSEL Mehr als nur die Kasseler Berge an der A7

Die Metropole Nordhessens hat unverständlicherweise viele Jahre benötigt, endlich aus ihrem Dornröschenschlaf (wie passend, die Brüder Grimm stammen nämlich aus Kassel) zu erwachen. Denn mit der weltweit größten Ausstellung für zeitgenössische Kunst, der alle vier Jahre stattfindenden Documenta, dem zum UNESCO-Weltkulturerbe eingetragenen Bergpark Wilhelmshöhe, der Galerie der Alten Meister im Schloss Wilhelmshöhe sowie den wundervollen Parkanlagen inmitten der Stadt braucht sie sich wahrlich nicht zu verstecken! Gerade bei dem vielen Grün merkt man bis heute, dass die Bundesgartenschau 1974 hier stattgefunden hat. Überragt wird das Kasseler Becken von dem gewaltigen Bauwerk des Herkules in der nach Landgraf Karl benannten Anlage Karlsberg, die Teil des Bergparks Wilhelmshöhe ist. In den schönen Fuldaauen oder in unmittelbarer Nähe zum Bergpark wurde auch an die Wohnmobilfahrer gedacht, die an beiden Orten eine hervorragende Anbindung mit der modernen Straßenbahn haben.

Kassel ist eine kompakte Stadt, die sich sehr gut zu Fuß erkunden lässt. Leider gibt es keine geschlossene Altstadt, da sie wegen ihrer starken Rüstungsindustrie im Panzer- und Lokomotivenbau sowie in der Munitionsfertigung im Zweiten Weltkrieg zu mehr als 90% zerstört wurde. Es entstand danach ein Neubau mit geradlinigen Strukturen und der Architektur der modernen Zeit. Einen guten Eindruck vermittelt hierzu eine Fahrt mit der Straßenbahnlinie 1 von der Innenstadthaltestelle »Am Stern« bis zum Bergpark Wilhelmshöhe. Die Endstation befindet sich unmittelbar hinter der Rückfassade des Schlosses. Von der beeindruckenden Kulisse der Vorderseite am Schlossteich vorbei kann man zu Fuß den gesamten Bergpark bis zur Löwenburg und weiter über die Kaskaden bis zum Herkules aufsteigen. Von hier oben hat man eine beeindruckende Panoramasicht über die Stadt und das gesamte Kasseler Becken. Nach diesem ca. zweistündigen Anstieg versteht man, warum der Bergpark in das UNESCO-Weltkulturerbe aufgenommen wurde. Direkt vom Herkules geht es bequem mit dem Bus zurück zur Stadtmitte. Ein wirklich abwechslungsreicher Nachmittag!

DIE UNIVERSITÄT, DIE STETIG WEITER AUSGEBAUT WIRD MIT IHREM CITYNAHEN CAMPUS, ZIEHT MITTLERWEILE 25000 STUDIERENDE JUNGE MENSCHEN IN DIE REGION.

TIPP

Spezielle Motto-Stadtrundgänge wie den literarischen Rundgang, Documenta Außenkunstwerke oder EssKulTouren mit regionalen Köstlichkeiten kann man unter www.kassel.de buchen. Wohnmobilstellplatz an der Fuldaaue, Giesenallee 7, 34121 Kassel, GPS-Daten 51°17'29" N, 9°29'11,4" E

Oberwesertal hinter Hann. Münden.

2 FULDA Barockstadt und Bischofsdom

In der osthessischen Metropole geht man auf Zeitreise, erst ins Mittelalter, dann in die Zeit des Barock. Der barocke Dom St. Salvator ist durch die Gebeine des heiligen Bonifatius zum Wallfahrtsort geworden. Wer die Gelegenheit hat, sollte unbedingt der von der Fa. Sauer 1876 gebauten Orgel lauschen. 70 Register und vier Manuale bieten ein dynamisches Klangerlebnis der besonderen Art. Bei der Touristeninformation am Bonifatiusplatz erhält man kostenlos einen Faltplan, um die Stadt auf eigene Faust zu erkunden.

TIPP

Der Wohnmobilstellplatz liegt am grünen Rand der Stadt, nicht weit von den Fuldaauen. Hier gibt es eine Auslaufwiese für Hunde. Weimarer Str. 21–23, 36037 Fulda, GPS-Daten 50°33'23" N, 9°40'0,4" E

3 HANN. MÜNDEN

An der Grenze von Hessen zu Niedersachsen

Fulda, Werra und Weser kreuzen sich in der Stadt der Weser-Renaissance. Schon Alexander von Humboldt schwärmte von der Altstadt mit ihren Inseln. Auf einer davon liegt der einfach gehaltene Wohnmobilstellplatz, alternativ dazu nur 100 Meter entfernt der Campingplatz gleich auf der »Nachbarinsel«. Wassersportler können mit Kanu oder Kajak die Gewässer erkunden, und Radfahrer haben die Qual der Wahl, denn hier starten mit Weser-, Werra-, Fulda- und Weser-Harz-Heide-Radweg gleich vier bedeutende Routen. Das Stadtschwärmerprogramm bietet verschiedene Erlebnisführungen an.

TIPP

Drei eigens auf Wohnmobile ausgerichtete Stellplätze und der Campingplatz bieten Platz für viele Gäste. SP Tanzwerder/Weserstein für 30 Mobile kostet 6€, Tanzwerder 12, 34346 Hann. Münden GPS-Daten 51°25'10" N, 9°38'54" E

Alte Marktstraße von Fulda.

(1) Freiheit und Natur für die mobilen Gäste. (2) Seit mehr als 800 Jahren thront Burg Normannstein über Treffurt. (3) Nicht weit vom Kunstwanderweg Ars Natura liegt Spangenberg mit seiner Burg.

4 TREFFURT

An der deutschen Fachwerkstraße im Wartburgkreis

Direkt am Fluss liegt die Stadt Treffurt. Nach jahrzehntelangem Dornröschenschlaf im Zonenrandgebiet ist Treffurt wach geküsst, Ort und die Burg Normannenstein mit ihren drei Türmen strahlen um die Wette. Mit viel Liebe nahm man sich den alten Fachwerkhäusern an. Ein Rundgang durch die Gassen in der Abendsonne ist sehr romantisch. Der Stellplatz liegt direkt am Werra-Radweg auf einer Wiese gegenüber der Altstadt, herrlich entspannend. Solche einfachen Plätze mitten in der Natur muss man einfach mögen!

TIPP

Im Ratskeller in der Ortsmitte (nicht zu verfehlen!) befindet sich die Pizzeria La Taverna. Hier wird man nett bedient, die Pizza ist gut und die Preise stimmen. Unter den Linden 1, 99830 Treffurt, GPS-Daten 51°08'1" N, 10°14'12" E

5 BURG NORMANNSTEIN

Auf in Richtung Vergangenheit

Ein Besuch der Burg Normannstein, die malerisch auf einem Sporn oberhalb von Treffurt und der Werra liegt, verspricht eine Zeitreise zurück ins 12. Jahrhundert. Mit der Dauerausstellung »Werraburgen über Werrafurten« werden im großen Viereckturm fünf Burgen im Werratal präsentiert. Vielleicht entdeckt der ein oder andere auf diese Weise ein neues, interessantes Ziel für die Weiterfahrt. Auch über das westlich von Treffurt gelegene Naturschutzgebiet Berg Heldrastein, welches zu Fuß erreichbar ist, gibt es Informationen.

TIPP

Mehr über die Burg mit den drei Türmen erfahren Sie bei der Touristeninformation, Puschkinstr. 3, 99830 Treffurt, www.treffurt.de

6 ARS NATURA Kunst an der Grenze

Der 700 Kilometer lange Kunstwanderweg Ars Natura führt auch durch Treffurt. Hier wird die Landesgrenze zwischen Hessen und Thüringen überquert. Der acht Kilometer lange Teilabschnitt des Fernwanderweg X8 verbindet Spangenberg und Treffurt. Entlang der ehemaligen innerdeutschen Grenze sind sieben Kunstwerke zum Thema Wiedervereinigung zu bewundern. Lisa Böhme hat sich hier zum Thema Wiedervereinigung mit ihrem Werk »Unsere liebe Sippschaft«, das aus Baumstämmen besteht, verewigt.

TIPP

Infos zu Teilstrecken und Hintergründe zu den Kunstwerken: www.ars-natura-stiftung.de

3

Perfekt angelegter Stellplatz in Bad Salzungen.

7 MONTE KALI Auch »Kalimandscharo« genannt

Unweit der ehemaligen deutsch-deutschen Grenze im kleinen Ort Heringen an der Werra gibt es die Möglichkeit zur ungewöhnlichsten Bergbesteigung Deutschlands. Hier gilt es, den schneeweißen, 530 Meter hohen Gipfel des »Monte Kali« zu bezwingen. Kali und Salz vergrößern den Abraumberg des Kalibergbaus täglich um 20000 t (!). Fußläufig vom Werra Camping erreichbar liegt das Werk, bei dem man sich für eine Tour anmelden kann und am Ende mit einer tollen Aussicht über das Werratal belohnt wird.

TIPP

Stellplatz Werra Camping, Am Steinberg, 36266 Heringen, GPS-Daten 50°53'0" N, 10°1'18,3" E, keine Homepage, für den Monte Kali www.kalimuseum.de

8 BAD SALZUNGEN Das weiße Gold der Kelten

Die Tradition, die heilende Wirkung von Salzquellen zu nutzen, besteht seit dem 16. Jahrhundert. Die Sole-Thermenwelt sowie das historische Gradierwerk sind Bad Salzungens Markenzeichen. Der wunderschön angelegte Stellplatz heißt SOLE Reisemobilhafen. Er liegt unmittelbar an der Werra, mit Kanu-Anleger und Zugang zum Abenteuerspielplatz auf der Erlebnisinsel. Die Altstadt und das Wanderwegenetz mit Zugang zum Rennsteig oder Werra-Burgen-Steig erreicht man gut zu Fuß. Oder man befährt den Werratal-Radweg und entspannt sich anschließend in der Therme!

TIPP

Bis zu 80 Wohnmobile aller Größenordnungen können auf dem hervorragend angelegten Stellplatz unterkommen. An verlängerten Wochenenden ist es ratsam, im Voraus zu reservieren. Fößrasen 5, 36433 Bad Salzungen, GPS-Daten 50°48'55" N, 10°14'15" E

Etwas befremdlich wirkt sie schon, die Abraumhalde Monte Kali, sicher der ungewöhnlichste Berg Deutschlands.

Der Weser-Radweg bei Thedinghausen.

DIE WESER

452 Kilometer Fluss entstehen durch einen Kuss!

Die Weser entsteht in Hann. Münden, wo Fulda und Werra sich »küssen«. Als einziger Fluss Deutschlands durchfließt sie nur innerdeutsche Gebiete und passiert hierbei die Bundesländer Hessen, Nordrhein-Westfalen, Niedersachsen und Bremen.

Bereits kurz hinter dem im südlichen Niedersachsen gelegenen Hann. Münden beginnt das ruhige und beschauliche Oberweser-Durchbruchstal mit sehr schön gelegenen kleinen Orten inmitten prächtiger Natur. Allein bis Bad Karlshafen gibt es mehr als eine Handvoll Camping- und Stellplätze. Der Reinhardswald kann in all seiner Ursprünglichkeit beim Radfahren oder Wandern erkundet werden. Viele Städte wie Höxter oder Hameln verfügen über sehr hübsch angelegte Wohnmobilstellplätze am Ufer, von denen aus man zu Fuß die Altstädte erkunden kann. Im Verlauf der Tour kreuzt man die Naturparks Solling-Vogler, Weserbergland-Schaumburg oder auch das Wiehengebirge und den nördlichen Teutoburger Wald. Dem Unterlauf der Weser folgend geht es über Minden und Nienburg bis zum im hohen Norden gelegenen kulturellen Highlight, nach Bremen.

»TOP 3 STELLPLÄTZE DER REGION«

- Stellplatz Zum Anker,
  Weserstr. 14,
  37194 Wahlsburg-Lippoldsberg,
  GPS-Daten 51°37'28" N, 9°33'08" E

- Campingplatz Hameln,
  Uferstr. 80,
  31787 Hameln,
  GPS-Daten 51°6'36" N, 9°20'50" E,

- Reisemobilstellplatz am Kuhhirten,
  Kuhhirtenweg,
  28201 Bremen,
  GPS-Daten 53°3'55" N, 8°49'7,5" E

Gelungene Abwechslung – mit der Fähre über die Weser.

2 WESERTAL So war es früher an der Oberweser

Neben der romanischen Klosterkirche von Lippoldsberg ist im 1820 erbauten Fachwerkhaus das mit viel Liebe eingerichtete Schäfermuseum untergebracht. Wo einst der Schäfer der Gemeinde lebte, ist heute ein Kolonialwarenladen mit Backstube von 1930 eingerichtet. Es gibt Einblicke in das Sozial- und Alltagsleben früherer Zeiten sowie in die historische Arbeitswelt und Kulturgeschichte. Das Schöne daran: Vieles ist nicht nur zum Ansehen, sondern auch zum Anfassen gedacht!

TIPP

Museum und Werkstatt im Schäferhaus, Schäferhof 22, 37194 Wahlsburg, museen.de/museum-im-schaeferhaus-wahlsburg
Wohnmobilstellplatz An der Weser, Weserstr. 14, 37194 Wahlsburg-Lippoldsberg

1 ANKERPLATZ AM UFER

Die kleine Flussfähre

Die Anfahrt entlang der Uferstraße von Hann. Münden ist Teil der Deutschen Märchenstraße. Mit Kindern lohnt sich ein Abstecher zum Dornröschenschloss Sababurg mit Tierpark und echtem Urwald! Der Stellplatz am Gasthaus Zum Anker in Lippoldsberg ist eine Übernachtung wert. Die Wirtsfamilie ist für ihre Gastfreundschaft bekannt und hat oft spezielle Angebote für Wohnmobilisten. Nachdem man mit der Fähre übergesetzt hat, kann man bequem den Uferradweg nutzen.

TIPP

Stellplätze bis ans Ufer sowie komplette Ver- und Entsorgung inkl. Sanitäranlagen machen den Platz tauglich für einen Kurzurlaub. 50 Wohnmobilstellplätze am Gasthaus Zum Anker, Weserstr. 14, 37194 Wahlsburg-Lippoldsberg, GPS-Daten 51°37'28" N, 9°33'08" E.

3 WESERFÄHREN-TOUR

Mit dem Rad an beiden Ufern entlang

Direkt am Stellplatz in Wahlsburg geht es mit den Rädern auf die kleine Weserfähre. Auf der anderen Seite einfach der Beschilderung Hessenradweg R1 folgen, und dann geht es durch die wunderschöne Felder- und Wiesenlandschaft in der großen Weserschleife. Zur Linken sieht man die Ortschaft Gewissenruh. Bei Wahmbeck wird mit der nächsten Fähre wieder die Weser überquert. Ein kurzes Stück geht es dann die Weserstraße entlang, bis der Weserradweg schließlich zum Stellplatz zurückführt.

TIPP

Entspannte Radtour von 14 Kilometern beiderseits des Flusses, auch für kleine Kinder gut geeignet, www.weserradweg-info.de

Viel Platz zum Entspannen und
Träumen am Gasthaus Anker.

Auf geht's zur
Weserfähren-Rad-Tour.

(1) In erster Reihe mit Blick nach Höxter.
(2) Die blaue Weserbrücke bei Hameln mit Ratte obendrauf. (3) Frühling in der Wesermarsch.

2

4 FLOSSPLATZ HÖXTER

Blick auf Altstadt und UNESCO-Weltkulturerbe

Höxter ist sehr kompakt und lässt sich wunderbar zu Fuß erkunden. Bei einer der beiden Metzgereien in der Fußgängerzone kann man sich für einen Grillabend am Wohnmobil versorgen! Hauptattraktion ist das UNESCO-Weltkulturerbe Schloss Corvey, nur 600 Meter Luftlinie entfernt auf der anderen Uferseite. Ob das Museum, die Bibliothek Hoffmann von Fallersleben, die Kirche oder das Abteigebäude – es gibt Abwechslung für alle Altersklassen! Einen Überblick verschafft man sich am besten im frei zugänglichen Besucherzentrum.

TIPP

Besucherzentrum Corvey, www.schloss-corvey.de. Floßplatz mit Stellfläche für 50 Wohnmobile. Im Brückfeld, 37671 Höxter, GPS-Daten 51°46'27" N, 9°23'19" E

5 HAMELN

Mehr als einen Stopp wert

Architekturfreunden gilt es als Juwel der Weser-Renaissance, anderen als Perle des Weserberglandes. Wohnmobilfahrer freuen sich über den schönen Campingplatz mit Stellplätzen am Weserufer. Natürlich ist Hameln für immer mit der Sage des Rattenfängers verbunden, der 1284 mit seinem Flötenspiel 130 Kinder aus der Stadt gelockt haben soll. Beliebter Treffpunkt ist die Weserinsel mit ihrem riesigen Biergarten. Interessante Stadtführungen: für Kinder, mit Nachtwächter oder Rattenfänger, für Familien oder auch mit E-Scooter (Touristeninformation: Deisterallee 1).

TIPP

Unbedingt am Stellplatz vor dem Camping übernachten; selbst wenn es dort voll ist, bekommt man immer noch einen Platz. Uferstr. 80, 31787 Hameln, GPS-Daten 51°6'36" N, 9°20'50" E, www.campingplatz-hameln.de

6 THEDINGHAUSEN

Entspannen in der Wesermarsch

Das Wohnmobil am Ufer abstellen, die Fahrräder startklar machen oder die Wanderschuhe schnüren, und schon geht es los. Die schöne Wesermarschlandschaft ist geprägt von Wiesen und blühenden Feldern, ein Traum für ausgedehnte Naturerlebnisse. Genauso gut kann man allerdings auf dem Campingstuhl verweilen und die Ruhe ohne störende Umweltgeräusche genießen! Wem das doch zu wenig ist, dem sei ein Spaziergang in die Altstadt oder die Besichtigung des 400 Jahre alten Schlosses Erbhof empfohlen.

TIPP

Stellplatz am Schloss für zehn Wohnmobile mit Strom, Ver- und Entsorgung. Hunde sind auch im Schlosspark erlaubt! Braunschweiger Str. 1, 27321 Thedinghausen, www.schlosserbhof.de, GPS-Daten 52°57'41" N, 9°1'55" E

3

Historische Sandstein-, Backstein- und Klinkerbauten auf dem Bremer Rathausplatz.

7 STADT UND LAND BREMEN

Ein citynaher Stellplatz lädt ein

Zu den wichtigsten Sehenswürdigkeiten gehören das Bremer Rathaus, der Roland, die Böttcherstraße und der St.-Petri-Dom. Die Stadt liegt zu beiden Seiten der Weser und hat mehr als 600 000 Einwohner. Wichtig ist aber die tolle Lage des Stellplatzes auf der Stadtwerder in Fußnähe zur Altstadt mit kleiner Weserfähre für den Stadionbesucher, Bewegungsfreiheit für Kinder und Auslauf für Hunde. Natürlich hat die Stadt weitaus mehr zu bieten, als hier erwähnt werden kann: Hierzu gehören Museen wie das Universum Science Center, Werksbesichtigungen bei Mercedes-Benz oder bei Airbus als Raumfahrtführung, eine Brauereitour bei Becks Bier, ein Kaffeeseminar bei Lloyd Caffee, eine City-Tour mit dem Bus oder eine Weser- und Hafenrundfahrt (Touristeninformation: Böttcherstr. 4, Hauptbahnhof).

TIPP

Reisemobilstellplatz am Kuhhirten, 70 Wohnmobile, 15 €, inkl. Ver- und Entsorgung, Wlan, Hunde erlaubt. Kuhhirtenweg, 28201 Bremen, www.stellplatz-bremen.de, GPS-Daten 53°3'55" N, 8°49'7,5" E

Das herrlich naturbelassene
Allertal bei Verden.

DIE ALLER

Nicht in aller Munde

Sie ist der längste Fluss Norddeutschlands, der nicht im Meer endet. Von ihren Quellflüssen in Sachsen-Anhalt zwischen Helmstedt und Oschersleben bezieht sie ihre Kraft. Bei Verden mündet sie nach 260 Kilometer in die Weser.

Dazwischen gibt es in Sachsen-Anhalt und Niedersachsen entlang der Ober-, Mittel- und Unteraller viel zu entdecken für das mobile Reiseteam. Man fährt durch die Magdeburger Börde und kommt am Flechtinger Höhenzug vorbei, dann geht es bei Wolfsburg unter dem Mittellandkanal hindurch nach Müden. Nun fährt man bis Kloster Wienhausen ein Stück des Weges an der Deutschen Ferienstraße Alpen-Ostsee entlang. Einer der Höhepunkte an der Strecke dürfte dann die hübsche Fachwerkstadt Celle sein. Diese liegt an der Aller, und der dortige Wohnmobilstellplatz lädt zum unbedingten Verweilen ein. Jetzt ist der Fluss auch schiffbar und durchfließt wunderschöne Abschnitte von Heidelandschaft. So kommt man an manch interessanten Orten wie Winsen, Buchholz und Rethem vorbei.

»TOP 3 STELLPLÄTZE DER REGION«

- Camping am Allersee,
  In den Allerwiesen 5,
  38446 Wolfsburg,
  GPS-Daten 52°25'55" N, 10°48'55,4" E,
  www.allerseecamping.de

- Stellplatz Celle,
  77er Straße 36,
  29221 Celle,
  GPS-Daten 52°37'2,5" N, 10°4'59" E,
  www.womo-celle.de

- Stellplatz in Verden,
  Conrad-Wode-Straße,
  27283 Verden,
  GPS-Daten 52°55'32,5" N, 9°13'40" E

(1) Schöne Architektur am Marktplatz Helmstedt.
(2) Das ehemalige Zisterzienserinnenkloster Wienhausen wurde im 13. Jahrhundert erbaut.
(3) Blick auf den Allersee mit Camping und Strand.

1 HELMSTEDT AM LAPPWALD

Symbol der Deutschen Teilung

Unmittelbar an der Autobahn A2 kann man die Gedenkstätte der Deutschen Teilung bestaunen. Der Übergang Helmstedt – Marienborn war der größte Grenzübergang der beiden getrennten Staaten. Auch für Kinder und Jugendliche ist die anschauliche, kostenlose Ausstellung interessant. Die Aller fließt zur rechten Seite der A2, die Gedenkstätte befindet sich auf der linken Seite. Um auf dieser Seite zu bleiben, kann man den mitten im großen Waldgebiet gelegenen Stellplatz vom Ortsteil Bad Helmstedt ansteuern.

TIPP

Es gibt einen schönen Rundgang um den Clarabadteich. Zur Altstadt sind es vier Kilometer. Kostenloser Stellplatz für sechs Wohnmobile ohne Versorgung, Brunnenweg, 38350 Helmstedt, GPS-Daten 54°14'12" N, 11°3'45" E

2 AUTOSTADT WOLFSBURG

Erlebniswelt am Allersee

Östlich von Wolfsburg unterquert die Aller bei Wendschott den Mittellandkanal in einem künstlich angelegten Tunnellauf. Mitten in Wolfsburg wird der Allerpark durchflossen, bevor es durch den Allersee geht. Die Geschichte der am Reißbrett geplanten Stadt ist natürlich untrennbar mit dem Volkswagenwerk verknüpft. So ist der Höhepunkt auf jeden Fall der Besuch der Autostadt Wolfsburg. Ob Jung oder Alt, Autonarr oder nicht, hier kann man problemlos einen prall gefüllten Ausflugstag verbringen (www.autostadt-wolfsburg.de).

TIPP

Zwischen den Ufern des Mittellandkanals und dem Allersee kann man mit Wohnmobil wunderbar am kleinen Campingplatz stehen. In den Allerwiesen 5, 38446 Wolfsburg, www.allerseecamping.de, GPS-Daten 52°25'55" N, 10°48'55,4" E

3 WIENHAUSEN

An der Aller entlang

Als Allerkanal verlässt der Fluss Wolfsburg wieder. Man kann seinem Lauf entlang der B188 folgen, die als Teil der Deutschen Ferienroute Alpen-Ostsee kurz hinter Gifhorn über kleine Landstraßen in nordwestlicher Richtung weiterführt. Unbedingt zu erwähnen ist noch das Wind- und Wassermühlenmuseum am Ortsrand von Gifhorn. Auf einem 100 000 qm großen Freigelände können historische Mühlen besichtigt werden. Im niedersächsischen Spargelgebiet bieten sich schöne Orte wie Müden für einen Zwischenstopp an.

TIPP

Zum Klosterpark Wienhausen gehört ein kostenloser Stellplatz für fünf Wohnmobile an der Sportstätte. Am Klosterpark, 29342 Wienhausen, www-kloster-wienhausen.de, GPS-Daten 52°34'48" N, 10°10'50" E

Fachwerkhäuser an der Celler Stechbahn.

4 FACHWERKSTADT CELLE

Auf keinen Fall verpassen!

Die 70 000 Einwohner zählende Stadt ist ein wahres Kleinod an Fachwerkkunst des Mittelalters. Die pittoreske Altstadt mit ihren fast 500 sanierten Fachwerkgebäuden bildet damit das größte geschlossene Ensemble Europas. Die angestaute Aller durchquert dabei mit ihren Seitenarmen, dem Magnusgraben und dem Stadtgraben alle Teile der Innenstadt. Im Gasthaus Schweine Schulze in der Neustr. 36 gibt es standesgemäß in urigem Fachwerkambiente traditionelle deutsche Küche, lecker und preiswert!

TIPP

Wohnmobilstellplatz Am Badeland für 55 Fahrzeuge mit allem Komfort inkl. Dusche und Brötchenservice. 77er Straße 36, 29221 Celle, www.womo-celle.de, GPS-Daten 52°37'2,5'' N, 10°4'59'' E

5 VERDEN AN DER ALLER

Reiterstadt mit Pferdetradition

Beim Stadtrundgang wird die eng mit Pferden verknüpfte Vergangenheit deutlich. Es bieten sich viele Gelegenheiten, dem Pferdesport und seiner Geschichte näher zu kommen: ein Besuch im Deutschen Pferdemuseum, geführte Besichtigungen beim Hannoveraner Weltverband oder Veranstaltungen wie das Sportfestival Verdania und das Innenstadtfest Stallgasse. In der wunderschönen Altstadt legt man viel Wert auf den Erhalt mittelalterlicher Eindrücke. Der Weg führt unter anderem zum Dom St. Maria.

TIPP

Bei der Touristeninformation (Große Straße 40) erhält man einen Stadtrundgang als Karte oder PDF, um die City auf eigene Faust zu erkunden. In Fußnähe zur Altstadt finden 14 Wohnmobile am angelegten Stellplatz eine gut ausgestattete Übernachtungsmöglichkeit mit Strom. Conrad-Wode-Straße, 27283 Verden, GPS-Daten 52°55'32,5'' N, 9°13'40'' E

Spaziergang an der Aller
in Verden.

Das naturbelassene Ufer an der Ruhr.

DIE RUHR

Quer durch das alte Stahlrevier

Unterhalb des Ruhrkopfs im Naturpark Sauerland-Rothaargebirge entspringt in Elkeringhausen, einem Ortsteil von Winterberg, die Ruhr. Bei dem Namen denkt man noch immer an qualmende Fabrikschlote und Industriegebiete, aber bei der Fahrt durch die grüne Ruhrlandschaft wird man schnell eines Besseren belehrt.

Am idyllischen Oberlauf, bis sie dann unterhalb von Olsberg in westliche Richtung »abbiegt«, würde man nicht vermuten, dass die Ruhr auf ihrem Weg bis zu ihrer Mündung in den Rhein bei Duisburg-Ruhrort eines der größten urbanen Gebiete weltweit durchströmt. Noch erstaunlicher ist dann, wie viele schöne Flecken man auf dieser Tour kennenlernen wird. Herdecke oder Hattingen, den Kemnader See und den Baldeneysee. Der Wohnmobiltourist kann sich über einladende Städtchen, Erholung und Entspannung am Wasser freuen. Eine ausgewogene Auswahl an Stell- und Campingplätzen macht es leicht, das Seine zu finden. Wandern zum nächsten Schlösschen, Radfahren am Ruhrradweg, Ponyreiten mit Kindern oder mit dem Kanu durch die Ruhrauen, die Freizeitmöglichkeiten sind wirklich vielfältig!

»TOP 3 STELLPLÄTZE DER REGION«

- Marine Freunde Lütgendortmund,
  Herdecker Straße,
  58313 Herdecke,
  GPS-Daten 51°25'50" N, 8°0'16,5" E
- Stellplatz Hattingen,
  Ruhrdeich 24,
  45525 Hattingen,
  GPS-Daten 51°24'30" N, 7°10'51" E
- Stellplatz am Ruhrorter Yacht-Club,
  Am Eisenbahnbassin 42,
  47119 Duisburg,
  GPS-Daten 51°27'30,5" N, 6°43'45,5" E

Stellplatz-Idylle
in Herdecke.

1 ARNSBERG Eingebettet zwischen Seen

Im Norden liegt der Möhnesee, im Süden befindet sich der Sorpestausee. Der kostenlose Stellplatz liegt unmittelbar in der Nähe von Fluss, Gradierwerk und NASS Freizeitbad. Mit dem Fahrrad ist man in zehn Minuten in der Arnsberger Altstadt. Sehr zu empfehlen ist die 15 Kilometer lange Radtour zur Balver Höhle, alternativ gibt es eine Busverbindung bzw. einen großen Parkplatz für Busse. Es ist die größte Hallenhöhle Europas, bei Konzerten bietet sie bis zu 2000 Zuschauern Platz (www.balver-hoehle.de).

TIPP

Villa Wesco in Neheim-Hüsten, Outlet und Erlebniswelt der Metallwarenfabrikation Wesco, die unter anderem die bekannten Klappdeckel-Müllbehälter herstellt, nur fünf Minuten vom Stellplatz (www.wesco.de).
Wohnmobilstellplatz am Solepark, Am Solepark 15, 59759 Arnsberg, GPS-Daten 51°25'50" N, 8°0'16,5" E

2 HERDECKE Ein ganz besonderer Platz

Südlich von Dortmund unterhalb der Hohensyburg strömt die Ruhr zunächst durch den Hengsteysee, um sich dann ihren Weg durch den Harkortsee zu bahnen. Oberhalb liegt Herdecke mit seinen schönen Gassen und den schiefergetäfelten Häusern im typisch westfälisch-sauerländischen Stil. Über die Brücke geht es links zur Seegasse, wo etwas versteckt ebenfalls auf der linken Seite die Einfahrt der Marine Freunde Lütgendortmund liegt. Ein Paradies für jeden Wohnmobilisten direkt am Ufer und ein echter Insiderplatz!

TIPP

Im Waldgebiet Kaisberg auf der anderen Seiten der B54 gibt es einen Geopfad mit verschiedenen Stationen und dem Freiherr-von-Stein-Turm sowie ein Stück weiter das Wasserschloss Werdringen. Marine Freunde Lütgendortmund, Herdecker Straße, 58313 Herdecke, GPS-Daten 51°25'50" N, 8°0'16,5" E

Am alten Markt von Arnsberg.

Stellplatz am Minigolf in Hattingen.

3 KEMNADER SEE Aktives Tagesprogramm

An Wetter vorbei, der B226 folgend, führt die Straße an der Ruhr entlang, bis es nach zehn Kilometern links auf die L924 geht, wo man der Beschilderung zum Kemnader See folgt. Im vorderen Bereich gibt es großzügige Parkflächen auch für Wohnmobile. Um den gesamten See verlaufen vorbildlich ausgebaute, getrennte Strecken für Fußgänger bzw. Skater und Radfahrer. Dazu eine Beach-Bar, Imbisse, Spielplätze, Beachvolleyball und ein Bootsverleih. Das Angebot ist wirklich reichhaltig, ein Aktivitäten-Paradies für Jung und Alt.

TIPP

Leider darf man auf den Parkflächen nicht übernachten. Alternativ bietet sich auf der anderen Seite der Seestraße das Gelände Blue Beach an. Die Übernachtung mit Strom kostet für zwei Erwachsene und zwei Kinder 21 €, Hunde sind frei. Camping Blue Beach, Luhnsmühle 2, 58455 Witten, GPS-Daten 51°26'14" N, 7°17'21" E

4 HATTINGEN IM RUHRTAL

Verwinkelte Altstadt mit Herz

Sage und schreibe fünf Wohnmobilstellplätze sowie einen Campingplatz an der Ruhrbrücke hat die Stadt ihren mobilen Gästen zu bieten. Man würde südlich von Bochum weder so viel Grün noch so eine romantische Altstadt erwarten, aber das Ruhrtal ist eben immer für eine Überraschung gut! Wir entscheiden uns für den direkt an der Ruhr gelegenen Stellplatz an der Minigolfanlage. Von hier sind es etwa eineinhalb Kilometer bis zum Kirchplatz. In Fußnähe: eine schöne Hundewiese und das Industriemuseum Heinrichshütte.

TIPP

18 Stellplätze für 10 € inkl. Dusche, ganzjährig nutzbar auch für schwere Wohnmobile und unmittelbar an der Ruhr. Ruhrdeich 24, 45525 Hattingen, GPS-Daten 51°24'30" N, 7°10'51" E
Industriemuseum Heinrichshütte, Werkstr. 31–33, www.lwl.org

Die hübsche Altstadt
von Hattingen.

5 ENDSPURT BIS DUISBURG-RUHRORT

Die Ruhr fließt in den Rhein

Landschaftlich gibt es auch auf diesem letzten Teilstück viel mehr zu sehen, als man es erwartet hätte. Saftig grüne Wiesen und Täler, ländliche, fast schon bäuerliche Gegenden südlich von Essen mit dem Naherholungsgebiet Baldeneysee. Mülheim an der Ruhr bietet in der Nähe des alten Schleusenkanals viel Sehenswertes und gute Parkmöglichkeiten für einen Bummel. In Duisburg befindet sich Europas größter Binnenhafen. Mit viel Engagement und Mühe wurden überall in der Stadt Aufenthaltsorte geschaffen, die in nichts mehr an die große Ära der Schwerindustrie erinnern. Im Stadtteil Ruhrort ergießt sich dann die Ruhr wie in einem großen Delta in den vielbefahrenen Rhein. Grüne Auen, Flohmärkte, Angeln und Wassersport locken alle an die Oase der Entspannung!

TIPP

Der Stellplatz am Ruhrorter Yacht-Club bietet echte alte WoMo-Stellplatzkultur mit Blick auf Eisenbahnhafen und Rheinbrücke. Mit dem Fahrrad oder zu Fuß lässt sich alles erkundenl. Am Eisenbahnbassin 42, 47119 Duisburg, GPS-Daten 51°27'30,5" N, 6°43'45,5" E

Ganz friedlich liegt die Ruhr
bei Mülheim frühmorgens da.

Stellplatz und Natur am Marina Camping Leer.

DIE EMS

Mal ganz hoch, mal ganz niedrig

Die Ems beginnt ihren Weg im nordrhein-westfälischen Naturschutzgebiet Moosheide bei Hövelhof in der Senne und ist der kürzeste Strom Deutschlands, der dann nach 370 Kilometern bei Emden durch den Dollart in die Nordsee mündet.

Sie ist ein reiner Tieflandfluss, bahnt sich somit ihr Bett fast ausschließlich durch sandigen Untergrund. Durch ihre stark wechselnden Wasserstände kann man sie in manchen Abschnitten im Sommer zu Fuß durchwaten, dafür kam es früher in Städten wie Greven immer wieder zu Hochwasser. Auch wenn sich die ostfriesische Landschaft im Großen und Ganzen sehr flach gestaltet, ist sie trotzdem überaus abwechslungsreich und touristisch gut erschlossen. Dem Wohnmobilreisenden werden entlang ihrer Ufer einige sehr schöne Stellplätze mit Aussicht aufs Wasser geboten. Von westfälischen Städten im Backsteinstil bis zu kleinen Fischerdörfern in der Marsch ist alles vertreten. Im Unterlauf bei Papenburg kann einem durchaus mal von einem Ozeanriesen die Sicht genommen werden!

»TOP 3 STELLPLÄTZE DER REGION«

- Camp Marina Fuestrup,
  Fuestruper Str. 37,
  48268 Greven,
  GPS-Daten 52°04'44" N, 7°41'07,5" E,
  www.yachthafen-fuestrup
- Stellplatz Lathener Marsch,
  Marschstr. 4,
  49762 Lathen,
  GPS-Daten 52°51'31" N, 7°18'13" E
  www.camping-lathen.de
- Stellplatz Leer,
  Marinastr. 14,
  26789 Leer,
  GPS-Daten 53°13'30" N, 7°25'8" E,
  www.ems-marina-camping

Die Mühle Emsbüren ist eine der unzähligen Mühlen im Emsland.

1 JACHTHAFEN FUESTRUP

Hier kreuzt der Dortmund-Ems-Kanal

Durch den 1899 von Kaiser Wilhelm II. eröffneten Dortmund-Ems-Kanal wurde die Schiffbarkeit der Ems verlängert. Greven erhielt erst 1950 die Stadtrechte und hat mit dem Wohnmobilstellplatz am Jachthafen einen echten Trumpf in der Hand. Nach Münster sind es über die gut ausgebaute und beliebte Radstrecke nur zehn Kilometer. Spielplatz, Gastronomie und sanitäre Anlagen machen sogar einen Aufenthalt von einer Woche möglich. Einfach im Campingstuhl sitzend die Schiffe beobachten kann wahrlich entspannend sein!

TIPP

90 Wohnmobile aller Größen finden am Camp Marina Jachthafen Fuestrup das ganze Jahr über einen komfortablen Aufenthaltsort. Fuestruper Str. 37, 48268 Greven, GPS-Daten 52°04'44" N, 7°41'07,5" E

2 ELBERGER SCHLIPSE

Mittendrin statt nur dabei

Vorne rauscht der Emser Wasserfall, rechts blöken die Schafe auf der Wiese, und im Hintergrund klingen die Glocken. Diese Kulisse wie aus einer Rosamunde-Pilcher-Verfilmung ist am Landgasthof zum Greifen nah. Das Kreuzungsgebiet von Ems, Dortmund-Ems-Kanal und Ems-Vechte-Kanal kann wunderbar auf Schusters Rappen oder mit dem Fahrrad erkundet werden. Die kleine Emsinsel bekam dank ihrer Form den Namen Elberger Schlipse. In Fußnähe befindet sich der wunderschöne Heimathof, ein Museum zum Anfassen und Fühlen.

TIPP

Stellplatz am Landgasthof Elberger Schlipse, Elbergen 1, 48488 Emsbüren, GPS-Daten 52°28'8" N, 7°18'4,4" E
Wer es komfortabler möchte, kann auch den Stellplatz am Camping Wasserfall direkt auf der Emsinsel nutzen.

Stellplatz mit Blick auf den Schiffsverkehr in Greven.

3 AM HAREN-RÜTENBROCK-KANAL

Stellplatz an der Wasserstraße

Der Haren-Rütenbrock-Kanal ist ein Zusammenschluss von Ems und Dortmund-Ems-Kanal und die einzige schiffbare Verbindung zwischen Rhein und Nordsee. Der Ort liegt unmittelbar an der niederländischen Grenze, 16 Kilometer von Meppen und 42 Kilometer von Papenburg entfernt. Auch das Stadtbild ist ein bisschen »holländisch«. Kleine reetgedeckte Häuschen und Katen, Cafés und Geschäfte laden zum Bummeln und Verweilen ein. Das flache Land, die grünen Wiesen und die Wasserwege sind aber auch das ideale Revier für Radfahrer, Spaziergänger und Müßiggänger. Ein wirklich authentisches Gasthaus mit einer herrlichen Sonnenterrasse befindet sich in der Rütenbrocker Hauptstraße, das Kocks-Geers. Fleisch oder Fisch, alles kommt hier frisch aus der Region. Fußläufig sind das Freilichtschifffahrts- und das Mühlenmuseum zu erreichen.

TIPP

20 Stellplätze für Wohnmobile direkt am Ufer der Ems. Schleusenstr. 7, 49733 Haren, GPS-Daten 52°47'22'' N, 7°14'50'' E

So leer gibt es den Stellplatz von Haren nur selten zu sehen.

Der Museumshafen von Leer.

4 LATHENER MARSCH

Paradies für Fahrradfahrer

Ein schönes Fleckchen Erde für Wasserratten, Angler, Radfahrer, Hundebesitzer und Wanderer. Mitten im Grünen, an der Ems gelegen, befindet sich das Hotel Lathener Marsch mit Camping- und Wohnmobilstellplatz. Zusätzlich zum Fluss gibt es je einen Angel- und Badeteich. Der Ort Lathen ist fußläufig gut zu erreichen. Zu den reizvollsten Freizeitaktivitäten im Emsland gehört sicherlich das Radfahren. 43 Radrouten starten in und um Lathen und führen am Wohnmobilstellplatz vorbei.

TIPP

Mit Kindern kann man sonntags die Mini-Wunderwelt Lathen besuchen, in der über 20 Traumwelten aus Playmobil zusammengestellt wurden.

Stellplatz Lathener Marsch, Marschstr. 4, 49762 Lathen, www.camping-lathen.de, GPS-Daten 52°51'31" N, 7°18'13" E

5 LEER IN OSTFRIESLAND

Kreuzfahrtschiffe bestaunen

Wenn von der Papenburger Meyer Werft ein Kreuzfahrtschiff auf die Ems gelenkt wird, bestaunen nicht nur die Wohnmobilisten in großer Zahl das Schauspiel. Aber auch sonst wird man sich in Leer wohlfühlen, zumal der Platz an der Ems nicht weit von der Stadt entfernt liegt. Die Altstadt mit der Lutherkirche ist wirklich sehenswert und vermittelt eine wunderbare Gemütlichkeit. Wer nur einen Bummel machen möchte, kann alternativ den kostenlosen Wohnmobilstellplatz an der Großen Bleiche nutzen.

TIPP

Riesiger Stellplatz mit verschiedenen Bereichen am Ems-Marina-Camping. Marinastr. 14, 26789 Leer, www.ems-marina-camping, GPS-Daten 53°13'30" N, 7°25'8" E

Pures Wohnmobilvergnügen
in der Lathener Marsch.

Schloss Stolzenfels blickt auf die Mündung der Lahn in den Rhein.

DIE LAHN

Durch herrliche Auenlandschaften zu Burgen und Schlössern

Durch traumhafte Bergwälder und schmucke Ortschaften schlängelt sich die Lahn im nordwestlichen Mittelhessen. Sie entspringt im Rothaargebirge bei Wittgenstein in guter Nachbarschaft von Sieg und Eder.

Die Lahn ist ein sehr naturbelassener Fluss, und das Lahntal verführt den Besucher, geschichtlich und architektonisch interessante Ausflüge zu stolzen Schlössern und Burgen zu unternehmen, darunter so interessante Bauten wie die Burg Gleiberg oder die Burg Hohensolms sowie die Burgruine Lahneburg. Überall verstreut liegen historische Kirchen und Klöster, von denen viele besichtigt werden können. Kleine liebenswerte Altstädte mit schöner Fachwerkarchitektur laden zum Verweilen ein. Auf der 245 Kilometer langen Lahn-Ferien-Straße führt die Strecke von der Quelle am Lahnkopf bis zur Mündung bei Lahnstein an vielen hübschen Orten wie Bad Laasphe, Biedenkopf, Marburg, Gießen, Wetzlar, Weilburg, Limburg, Diez, Nassau, Bad Ems und Niederlahnstein vorbei.

»TOP 3 STELLPLÄTZE DER REGION«

- Stellplatz am Rathaus Bad Laasphe,
  Mühlenstraße 30a,
  57334 Bad Laasphe,
  GPS-Daten 50°55'27,8" N, 8°24'43" E
- Wohnmobilstellplatz Weilburg,
  Hainallee,
  35781 Weilburg,
  GPS-Daten 50°29'02" N, 08°15'27" E
- Stell- und Zeltplatz Lahnwiese,
  Limburger Straße,
  35638 Leun,
  GPS-Daten 50°33'5" N, 8°21'10" E,
  www.stell-und-zeltplatz-lahnwiese-leun.de

Dorfidylle im Vorort von Bad Laasphe.

2 RUNKEL Beschützt und beschwipst

Runkel gehört nicht zu den bekanntesten Orten an der Lahn, ist aber nicht minder geschichtsträchtig und liebenswert. Die Burgenstadt zwischen Limburg und Weilburg wird beschützt von der gleichnamigen Burg. Am Lahnufer sollte man sich unbedingt ein Gläschen »Runkeler Roten« genehmigen. Als Ausgangspunkt für Aktivitäten eignet sich der Campingplatz Lahntours direkt an der Lahn. Er bietet die Möglichkeit, vom Platz direkt mit dem eigenen Kanu zu starten oder an einer organisierten Tour teilzunehmen.

TIPP

Radweg durch das Kerkerbachtal von Runkel nach Mengerskirchen, weitgehend entlang der stillgelegten Trasse der ehemaligen Kerkerbachbahn an der Lahn.
Lahntours Campingplatz mit Tipi-Dorf, Lagerfeuer, Gastronomie, schöner Außenterrasse mit Blick auf die Lahn. Campingplatz 1, 65594 Runkel, GPS-Daten 50°55'55,5" N, 8°24'9" E

1 BAD LAASPHE Premium Kneipkurort am Lahntalradweg

Nur 130 Kilometer östlich von Köln befindet sich das Tor zum Wittgensteiner Bergland, Bad Laasphe, seit 1984 wegen seines gesundheitsfördernden Mittelgebirgsklimas Kneippheilbad. Der Rothaarsteig ist ein beliebtes Wandergebiet, zum Radfahren bietet sich der Lahntalradweg an, die Lahn eignet sich für erlebnisreiche Kanutouren. Seine Geruchssinne kann man im Kräutergarten am Haus des Gastes trainieren. Ein Spaziergang zum ehemaligen Residenzschloss der Grafen von Wittgenstein sollte nicht fehlen.

TIPP

Familiencamping Laasphetal, Wasserstr. 66, 57334 Bad Laasphe, GPS-Daten 50°55'55,5" N, 8°24'9" E
Stellplatz am Rathaus, ruhige Lage an der Lahn. Mühlenstraße 30a, 57334 Bad Laas phe, GPS-Daten 50°55'27,8" N, 8°24'43" E

3 LIMBURG AN DER LAHN

Es steht ein Lama im Wald

Der ehemals ummauerte Stadtkern von Limburg nennt ein ganzes Ensemble unversehrter mittelalterlicher Bebauung sein eigen und steht unter Denkmalschutz. Die reichlich verzierten Wohnhäuser der wohlhabenden Patrizier, die Stiftsherrenhäuser und die Burgmannenhöfe wurden aufwendig saniert, unter ihnen das älteste Fachwerkhaus Deutschlands, der 1296 erbaute Römer 1. Auf altem Kopfsteinpflaster geht es aus der Altstadt hoch hinauf zu dem Kalkfelsen, auf dem der Dom St. Georg thront.

TIPP

Bei einer Lama-Trekkingtour in Heistenbach wird Ihnen alles Wissenswerte über die Tiere und die Landschaft erzählt. Ein interessanter und spannender Ausflug für die ganze Familie.
Wohnmobilstellplatz an der Lahn, Schleusenweg 16, 65549 Limburg, GPS-Daten 50°23'19,96" N, 8°4'25,93" E

Burg Runkel ist ein beeindruckendes Monument.

Die begehrten Uferplätze am Camping in Limburg.

In Bad Ems lässt man es sich gerne gut gehen!

4 BEACHCLUB FACHBACH

Urlaubsparadies in der Heimat

Die Location des mehrfach ausgezeichneten Camping- und Beachclubs Fachbach steht für Entspannung oder Action, sicher ist für jeden Geschmack etwas dabei. Die direkte Uferlage lädt einfach zum Baden oder Stand-up-Paddeln ein. Am Abend trifft man sich gemeinschaftlich an der Grillstelle. Zur traditionsreichen Kurstadt Bad Ems sind es auf dem Lahnuferradweg lediglich zweieinhalb Kilometer. Dort taucht man in die mondäne Vergangenheit des europäischen Hochadels ein, der hier im 18. Jahrhundert Dauergast war.

TIPP

Stellplatz Camping Beachclub, Furtweg 14, 56133 Fachbach, GPS-Daten 50°20'10'' N, 7°41'27,3'' E, www.camping-beachclub.de

5 WEILBURG AN DER LAHN

Hier geht es drunter und drüber

Weilburg liegt sowohl im Westerwald als auch im Taunus. Für uns Wohnmobilisten hat die Stadt einen Stellplatz in der Hainallee gegenüber dem Feuerwehrstützpunkt eingerichtet, gleich an der Lahnschleife unterhalb der Altstadt – perfekt zu Fuß erreichbar. Der 200 Meter lange Schifffahrtstunnel ist der älteste und längste deutsche Schiffstunnel, der heute noch befahrbar ist. Das Schloss hoch über der Lahn vermittelt mit seinen reich ausgestatteten Innenräumen sowie der barocken Gartenanlage mit Orangerie den Glanz früherer Tage.

TIPP

Wohnmobilstellplatz für 80 Fahrzeuge, ganzjährig nutzbar, Hunde erlaubt. Hainallee, 35781 Weilburg, GPS-Daten 50°29'02'' N, 08°15'27'' E

Blick über die Lahn zu Schloss Weilburg.

Die Grafen von Solms sind seit dem 13. Jahrhundert die Herren über Schloss Braunfels.

Die aufgeräumte Dorfstraße von Leun.

6 WASSERVERGNÜGEN LAHNWIESE LEUN

Vis-à-vis mit den Kanuwanderern

Direkt am Ufer der Lahn teilt man sich den Platz mit durchfahrenden Kanuwanderern, die hier für die Nacht ihre Zelte aufschlagen. Oberhalb von Leun befindet sich ein tolles Waldgebiet mit Wander- und Radwegen. Leun besteht aus den Stadtteilen Biskirchen, Stockhausen und Bissenberg, die sich in westlicher Richtung auf derselben Uferseite der Lahn befinden. Jedes dieser kleinen Örtchen hat seinen eigenen Charme und blickt auf zum Teil jahrhundertealte Traditionen zurück. Das höher liegende Bissenberg ermöglicht einen schönen Blick über das weite Lahntal, und man kann nachvollziehen, warum die Gegend bereits im 13. Jahrhundert für Bischöfe oder adelige Ritter interessant war. Die Einheimischen, die sich in den ausgedehnten Waldgebieten entspannen, sehen es heute mit seinen ausgebauten Wanderwegen als eine Oase der Ruhe an. Stockhausens Entstehung soll sogar bis in die Zeit der fränkischen Landnahme im 8. Jahrhundert zurückgehen.

Wenn man sich seinen Campingstuhl schnappt und sich vorne an den Bootsanleger setzt, ist das ein bisschen wie Kino. Boote, Kanus oder Kajaks ziehen an einem vorüber, die Enten landen, und ab und zu zieht ein dicker Fisch seiner Wege. Auf der Wiese am Stellplatz kann man wunderbar Federball oder Fußball mit den Kindern spielen. Wenn einem dann doch nach mehr ist, kommt das Fahrrad zum Einsatz, denn wir sind ja unmittelbar am Lahnuferradweg, auf dem man über den Abzweig am Mühlengrund bereits in 20 Minuten die Stadt Braunfels erreicht. Die historische Altstadt mit dem über ihr thronenden Schloss Braunfels ist wirklich sehenswert. Es wird bis heute, seit 800 Jahren, von den Grafen zu Solms bewohnt. Der Kern mit dem Flair der Fachwerkhäuser aus dem 16. Jahrhundert ist eine der reizvollsten Altstädte mit Burgensemble Hessens. Für den Heimweg empfehlen wir einen Stopp in der Kaiser-Friedrich-Straße am Rewe-Supermarkt, wo ein örtlicher Metzger köstliche Grillspezialitäten (auch vegetarisch) aus eigener Herstellung anbietet. Denn wer möchte bei so einer schönen Aussicht nicht am Wohnmobil zu Abend essen?

DURCH SEINE HEILQUELLE KARLSSPRUDEL IST BISKIRCHEN SEIT 1968 SOGAR STAATLICH ANERKANNTER ERHOLUNGSORT. BIS HEUTE WIRD HIER VOM MINERALBRUNNEN IN DEN LAHNAUEN ABGEFÜLLT.

TIPP

Stellplatz Lahnwiese, Limburger Straße, 35638 Leun, GPS-Daten 50°33'5" N, 8°21'11" E

Wunderschöne Flusslandschaft, hier bei Bacharach am Mittelrhein.

DER RHEIN

UNESCO-Welterbe Mittelrheintal

Sicherlich kann man einen kompletten Wohnmobilführer entlang des Rheins von seinem Ursprung in der Schweiz bis zu seiner Mündung in die Nordsee füllen. Wir nehmen hier jedoch nur einen Teilabschnitt auf, denn es geht ja um die Flüsse in Deutschland.

Denn, da geben mir die erfahrenen Wohnmobilisten sicher recht, etwas Vergleichbares wie das Mittelrheintal hat in Europa heutzutage Seltenheitswert. Eine gewachsene, uralte Kulturlandschaft mit einer jahrtausendealten Geschichte und architektonischen Baudenkmälern, die ihresgleichen suchen. Darum erkunden wir die Strecke gegen die Strömung von Nord nach Süd, also von Koblenz beginnend bis hinter Rüdesheim. Von Lahnstein aus auf Schloss Stolzenfels blicken, die Rheinschleife bei Bobbard abfahren, von oben das Tal der Loreley bewundern oder abends am Ufer sitzend die Schiffe beobachten, wie sie um die Kurven »driften«! Für amerikanische oder asiatische Touristen ist es ein wenig wie Disneyland, für uns es ist eine einmalige heimatliche Kulisse quasi direkt vor der Haustür.

»TOP 3 STELLPLÄTZE DER REGION«

- Stellplatz Bistro Anker,
  Rheinuferstr. 66a,
  56341 Kamp-Bornhofen,
  GPS-Daten 50°13'22" N, 7°37'10" E
- Camping Loreleyblick,
  An der Loreley 49,
  56329 St. Goar,
  GPS-Daten 50°8'3" N, 7°43'18,6" E,
  www.camping-loreleyblick.de
- Wohnmobilpark Bingen,
  Ausserhalb 11,
  55411 Bingen,
  GPS-Daten 49°58'9" N, 7°56'42" E

Blick vom Sterrenberg auf Kamp-Bornhofen.

1 KOBLENZ BIS LAHNSTEIN

Die Startregion

Das künstlich aufgeschüttete und angelegte Deutsche Eck, wo die Mosel in den Rhein mündet, bietet sich mit der Festung Ehrenbreitstein und den großen Gebäudeensembles aus der Renaissance für einen ersten Zwischenstopp an, den man nicht verpassen sollte, zumal das Parken mit dem Wohnmobil gut möglich ist. Dann folgt man südlich der B9, bei Koblenz-Oberwerth muss man die Brücke über den Rhein nehmen, denn dahinter rechts geht es bereits nach Lahnstein, wo wiederum die Lahn in den Fluss mündet.

TIPP

An dieser Mündung steuert man den Wohnmobilhafen am Kränchen an. Hier steht man bestens auf einem ehemaligen Fußballfeld, mit Blick auf den Rhein und Schloss Stolzenfels. Lahnstein und die Promenade am Rheinufer erreicht man zu Fuß. Johannesstr. 53, 56112 Lahnstein, GPS-Daten 50°18'32,6" N, 7°35'52" E

2 VIERSEENLIFT BOPPARD

Die Welt von oben sehen

Von der B9 kommend geht es vor Boppard rechts Richtung Mühltal zum Parkplatz Vierseenlift. Dieser Zweier-Sessellift erklimmt die Höhe von 357 m und präsentiert einen der schönsten Ausblicke im Mittelrheintal. Der Blick auf die Rheinschleife mit den umliegenden Höhenzügen vermittelt eine Perspektive, als würde man vier Seen sehen, damit ist das Namensrätsel gelöst. Bergab gibt es einen Fußweg durch die Wald- und Wiesenhänge. Boppard geht auf eine alte Römersiedlung zurück.

TIPP

Der Stellplatz Bistro Anker in Kamp-Bornhofen ermöglicht das Übernachten direkt am Rheinufer. Direkt am Platz befindet sich das Welterbe-Bad. Rheinuferstr. 66a, 56341 Kamp-Bornhofen, GPS-Daten 50°13'22" N, 7°37'10" E

Morgendämmerung an der Rheinschleife bei Boppard.

Von der Loreleystatue bei St. Goarshausen geht der Blick weit über den Rhein.

4 AM RHEINBURGENWEG

Der Klassiker am Flusskilometer 543

Mehr als 40 Burgen und Ruinen zählt das Mittelrheintal, mit Burg Stahleck thront auch eine über Bacharach. Die malerische Stadt mit ihren Fachwerkhäusern und der Stadtmauer mit neun erhaltenen Wehrtürmen nimmt einen mit auf eine Zeitreise. Am Markt fällt das »Alte Haus« aus dem Jahr 1568 ins Auge, in den Gassen locken bis heute die traditionellen Besenwirtschaften der Winzer. An Burg Stahleck kann man einen Teil des Rheinburgenwegs zurücklegen, der einen schönen Blick aus den Weinbergen über den ganzen Ort ermöglicht.

TIPP

Der Stellplatz vor dem Camping Sonnenstrand bietet 33 Wohnmobilen Platz, man ist nahe der Stadtmauer und dem Rheinradweg positioniert. Strandbadweg 9, 55422 Bacharach, GPS-Daten 50°3'17,8" N, 7°46'18,6" E

3 MYTHOS LORELEY

Nicht ablenken lassen

Hier soll sich die sagenumwobene Dame auf dem Felsen sitzend das goldene Haar gebürstet und damit die abgelenkten Kapitäne zum Kentern gebracht haben. Viele kennen den Ort vor allem durch die Freiluftkonzerte auf dem Plateau hoch über dem Rhein. Die Loreley ist Kult, ob unten an der Wasserlinie oder von oben, spielt dabei keine Rolle. Der perfekt ausgebaute Rheinuferradweg macht Erkundungen der Umgegend problemlos. Daumen hoch, an diesem Ort muss man in lauer Sommernacht einfach mal vor seinem Wohnmobil gegrillt haben!

TIPP

Am Camping Loreleyblick mit dem Wohnmobil vor Anker gehen und mit der Rheinfähre auf der anderen Seite den Loreleyfelsen erkunden. An der Loreley 49, 56329 St. Goar, GPS-Daten 50°8'3" N, 7°43'18,6" E

5 RÜDESHEIM UND BINGEN

Verbunden übers Wasser

Das alles überragende Niederwalddenkmal blickt auf den Rhein und die beiden Städte. Egal, für welche Seite man sich entscheidet, mit der Fähre oder dem Personendampfer ist man schnell hier wie dort. Generationen haben sich schon durch die weltberühmte, nur zwei Meter breite Rüdesheimer Drosselgasse »geschoben«. Das ehemalige Landesgartenschaugelände an der Rheinpromenade von Bingen zieht jährlich Tausende Touristen an. Übrigens: Den Asbach Uralt gibt es noch, und die Destillerie kann in Rüdesheim besichtigt werden!

TIPP

Jede Rheinseite empfiehlt sich für eine Übernachtung mit dem Wohnmobil. So kann man seine Wunschperspektive frei wählen: Wohnmobilpark Bingen, Ausserhalb 11, 55411 Bingen, GPS-Daten 49°58'9" N, 7°56'42" E, oder Campingplatz am Rhein, Kastanienallee 4, 65385 Rüdesheim, GPS-Daten 49°58'40,8" N, 7°56'28" E

Der Aufstieg zur Burg Stahleck lohnt sich.

Schöne Aussicht aus der Seilbahn auf Rüdesheim.

Geradezu malerisch erhebt sich die Burg Hornberg bei Haßmersheim über den Neckar.

DER NECKAR

367 romantische Kilometer

Der Neckar in Baden-Württemberg ist der zwölftgrößte Fluss Deutschlands. Er entspringt im Schwenninger Moos bei Villingen-Schwenningen und mündet bei Mannheim in den Rhein. Ob mit dem Wohnmobil auf der Burgenstraße, mit dem Fahrrad auf dem Neckarradweg, zu Fuß auf dem Neckarsteig oder per Schiff – das Neckartal hat viel zu bieten.

Bei einer Wanderung durch die Margarethenschlucht erlebt man die grandiose Naturkulisse des Neckartals. Wer danach durstig ist, kann einen der guten Weine aus der Weinbauregion zwischen Plochingen und Heilbronn verkosten. Auch die Fans von Burgen und Schlössern kommen in diesem Gebiet nicht zu kurz. Die Burgen Ehrenfels, Hornberg und die Vierburgenstadt Neckarsteinach, die Schlösser Horneck und Zwingenberg sind wohl die bekanntesten und eignen sich gut für Ausflüge und geführte Besichtigungen, oft mit prächtigem Ausblick. Zu den sehenswerten Städten im Neckartal gehören, von Süden nach Norden betrachtet, die alte Freie Reichsstadt Rottweil, die Festungsstadt Horb, Rottenburg, Tübingen, Nürtingen und Esslingen sowie im weiteren Verlauf Heilbronn, Neckarsulm, Bad Wimpfen, Mosbach, Eberbach, Neckarsteinach, Neckargemünd und schließlich Heidelberg.

»TOP 3 STELLPLÄTZE DER REGION«

- Stellplatz am Campingplatz,
  B 37 Uferstraße,
  69437 Neckargerach,
  GPS-Daten 49°23'50" N, 9°4'9,2" E,
  www.neckartours.de
- Stellplatz am Neckarufer,
  Ulmenweg,
  72108 Rottenburg,
  GPS-Daten 48°28'20" N, 8°57'0,5" E
- Wohnmobilstellplatz Ladenburg,
  Heidelberger Str. 56,
  68526 Ladenburg,
  GPS-Daten 49°27'54,6" N, 8°36'56" E

Auf dem Weg durch die Margarethenschlucht kommen Wanderer an vielen Wasserfällen vorbei.

1 NECKARSTEINACH

Auf den Spuren der Nibelungen

Neckarsteinach ist ein gut erhaltener Ort, dessen Bauten überwiegend aus dem Mittelalter stammen. Es liegt nur 15 Kilometer östlich von Heidelberg an der Neckarschleife. Die Vorderburg, Mittelburg, Hinterburg und die Burg Schadeck erheben sich aus der bergigen Landschaft. Ein Wanderweg führt den Besucher auf einem Rundweg zu allen vier Burgen. Ohne Steigung schlendert man schön auf der Uferpromenade. Im hübsch gestalteten Nibelungengarten ist alles dem Dichter Bligger II. und den Nibelungen gewidmet.

TIPP

Sommerfest am Tag des Gastes im Juli, entlang des Neckarlauer mit Vierburgenbeleuchtung, Feuerwerk, kulinarischen Angeboten und Musik.
Stellplatz Vierburgenparkplatz, Neckargemünder Straße, 69239 Neckarsteinach, GPS-Daten 49°58'40,8" N, 7°56'28" E

2 MARGARETHENSCHLUCHT

Feen, Farne und Feuersalamander

Ab dem Bahnhof Neckargerach geht es erst ganz gemütlich mit Blick auf den Neckar einen Pfad hinauf, dann beginnt die Schluchtenwanderung. Festes Schuhwerk ist Pflicht, und etwas sportlich sollten Sie schon sein. Kinder bewältigen den Weg mit Begeisterung. 110 Höhenmeter stürzt der Flursbach in acht Wasserstufen durch die Schlucht hinab. Sieben Brücken (teilweise Felsen oder Baumstämme im Bach) und an den Wänden gespannte Seile helfen an schwierigen Stellen. Ein ebener Weg führt an Obstwiesen vorbei zurück zum Bahnhof.

TIPP

Der kleine Campingplatz direkt am Neckarufer nimmt gerne Gäste auf. Auch gut geeignet für Wassersportfreunde, die ihr Boot einsetzen möchten. Am Campingplatz/Uferstraße, 69437 Neckargerach, GPS-Daten 49°23'50" N, 9°4'9,2" E

Die Mittelburg bei Neckarsteinach wird noch bewohnt.

Oberleitungsfähre mit Kettenzug in Haßmersheim.

3 HAßMERSHEIM Zu Gast am Neckarbogen

Mit Blick auf den Fluss vor dem Neckar Omega lädt Haß mersheim ein. Highlight des Aufenthaltes wird der Besuch von Burg Guttenberg mit der Deutschen Greifenwarte im Ortsteil Neckarmühlbach sein. Zu Fuß mit dem Hund, mit dem Rad oder alternativ mit dem Bus ist man zeitnah dort. Die Flugshow mit Adlern, Geiern und Jagdfalken sollte man unbedingt besuchen. Zum Essen empfehlen wir in der Oberen Straße, 200 Meter vom Stellplatz bei der Metzgerei Metzstein hausgemachte Maultaschen einzukaufen – köstlich!

TIPP

Stellplatz am Neckar, Keltergasse, 74855 Haßmersheim, GPS-Daten 49°18'0,8" N, 9°9'8" E, www.hassmersheim.de

4 ROTTENBURG Acht Jahrhunderte zum Anschauen

Die Aufzählung der Attribute, die man dieser einladenden Stadt geben kann, wird lang: Schwäbische Pforte (Porta Suevica) zum Neckar-Erlebnistal, Stadt am Neckartalradweg, Heimat des Mundartdichters Sebastian Blau ... Auf alle Fälle ist dieser idyllische Ort ein Muss für jeden Urlauber zwischen Tübingen und Stuttgart. Für Kinder ist ein Besuch im Sumelocennamuseum mit seiner römischen Prachtlatrine interessant, auch eine Fahrt auf dem Neckar im Stocherboot bleibt ihnen sicher lange im Gedächtnis.

TIPP

Privatmuseum Tante-Emma-Laden, Rommelstalstr. 23/1, 72108 Rottenburg/Obernau
Stellplatz am Neckarufer, Ulmenweg, 72108 Rottenburg, GPS-Daten 48°28'20" N, 8°57'0,5" E

Das Neckarstädtchen Rottenburg liegt südwestlich von Stuttgart.

Die Ruine des aus Sandstein erbauten Heidelberger Schlosses ist das Wahrzeichen der Stadt.

Nicht verpassen – die Altstadt von Ladenburg.

5 HEIDELBERG UND LADENBURG

Doppelter Punktgewinn

Für eine Übernachtung mit dem Wohnmobil war Heidelberg von jeher ein schwieriges Pflaster, was natürlich kaum einen davon abhielt, diese wunderschöne Stadt mit ihrem einmaligen Flair dennoch anzusteuern. Sicherlich gibt es die Möglichkeit, östlich der Altstadt an der Neckaruferstraße zu parken, hierzu sollte man aber ein geübter Wohnmobillenker sein! Wir empfehlen, einen der beiden Stellplätze anzufahren, das ist nicht teurer, und man hat gleich einen Übernachtungsplatz. Denn wer in Heidelberg die Altstadt, das Schloss auf dem Königsstuhl und vielleicht noch ein Museum besichtigen möchte, hat den Tag schnell verbracht. 20 Museen und Ausstellungen sowie die bereits im 14. Jahrhundert gegründete Universität, da ist Abwechslung geboten. Klassische Hausmannskost gibt es seit 300 Jahren im Roten Ochsen, wo auch schon Mark Twain speiste und vielleicht an »Tom Sawyer & Huckleberry Finn« geschrieben hat.

Man hat es verstanden, historischen Charme mit der Moderne zu verbinden, und es geschafft, die obere Altstadt weitestgehend vom Durchgangsverkehr frei zu halten. Einer der Touristenmagneten ist und bleibt eine der berühmtesten Ruinen Deutschlands, das Schloss Heidelberg als das Wahrzeichen der Stadt. Ihre Größe, die wechselvolle Geschichte vieler Jahrhunderte, die Baustile verschiedener Epochen – all das macht sie so interessant. Es ranken sich viele Sagen und Legenden um die Gemäuer und ihre Bewohner, die man sich am besten auf einer der abwechslungsreichen, oft mit Augenzwinkern abgehaltenen Führungen erzählen lassen sollte. Dazu gehören die Geschichten des kurfürstlichen Hofnarren Perkeo oder die vom Rittersprung, dessen Fußabdruck noch heute auf dem Großen Altan zu sehen ist. Aber es gibt noch mehr zu entdecken – viel Spaß bei der Suche!

HEIDELBERG IST DURCH SEINE VIELEN STUDENTEN UND INTERNATIONALEN BESUCHER EINE SEHR JUNGE UND LEBENDIGE STADT.

Aber auch das viel kleinere Ladenburg sollte man auf keinen Fall verpassen. Der schöne Stellplatz ist nur wenige hundert Meter vom Neckarufer und den Neckarwiesen entfernt. Ebenso liegt das einmalige Ensemble jahrhundertealter Fachwerkhäuser in Fußnähe. Im Sommer halten an der Anlegestelle bei der Festwiese die Fahrgastschiffe, die einen auf dem Wasserweg nach Heidelberg bringen! Ladenburg hat ein riesiges gastronomisches Angebot und einen schönen Stadtstrand am Neckarufer.

TIPP

Stellplatz SoccerArena, Hunde erlaubt, Duschen inklusive, Harbigweg 8, 69124 Heidelberg, GPS-Daten 49°23'37" N, 8°10'15" E

Wohnmobilstellplatz Ladenburg, Heidelberger Str. 56, 68526 Ladenburg, GPS-Daten 49°27'54,6" N, 8°36'56"

Von beiden Plätzen gibt es öffentliche Verkehrsanbindungen, mit dem Fahrrad sind es drei bzw. sechs Kilometer.

Tolles Farbspiel: tiefblauer Himmel und buntes Herbstlaub an der Weltenburger Enge bei Kelheim.

DIE DONAU

Ein mächtiger Strom in Europa

Die Donau ist mit 2857 Kilometern nach der Wolga der zweitlängste Fluss Europas. Sie fließt auf ihrem Weg von der Quelle in Baden-Württemberg bis zu ihrer Mündung ins Schwarze Meer am Biosphärenreservat Donaudelta durch zehn verschiedene Länder, mehr als jeder andere Fluss der Welt.

Dementsprechend unterschiedlich sind natürlich auch die Landschaften und geologischen Gegebenheiten. Entlang des deutschen Abschnitts geht es von der Bregquelle bei Donaueschingen durch den Schwarzwald, durch das Donauer Ries und den Donaudurchbruch bei Beuron auf der Schwäbischen Alb, dann durch Ulm, Regensburg und kleinere Orte, bis der Fluss kurz hinter Passau Deutschland verlässt. Bedeutende Bauwerke entlang des Flusslaufs sind das Kloster Beuron, das Hohenzollernschloss in Sigmaringen, das Münster zu Ulm (mit 161,5 Metern der höchste Kirchturm der Welt), die Weltenburger Enge mit Kloster Weltenburg, die Walhalla bei Donaustauf, der Dom St. Peter in Regensburg oder der Dom St. Stephan in der Dreiflüssestadt Passau. Auf einsamen Abschnitten im Flusstal stehen das Wohnmobil und seine Besatzung mit sich und der Natur im Einklang.

»TOP 3 STELLPLÄTZE DER REGION«

- Stellplatz E-Park,
  Riedhauser Str. 60,
  89415 Lauingen,
  GPS-Daten 48°34'21" N, 10°25'20" E
- Stellplatz Schösslwiese,
  Ingolstädter Str./Zur Ringmeierbucht,
  86633 Neuburg an der Donau,
  www-neuburg-donau.de,
  GPS-Daten 48°44'25" N, 11°10'54" E
- Stellplatz Ilzbrücke,
  Halser Straße,
  94032 Passau,
  GPS-Daten 48°34'42" N, 13°28'25" E

Mit großzügigen Stellplätzen begrüßt Geisingen seine Gäste.

1 GEISINGEN Der gute Einstieg

Nicht weit von der A81 eignet sich der professionell angelegte Wohnmobilstellplatz am Ortsrand von Geisingen gut für die Anreise und den Einstieg ins Abenteuer Donau-Erkundung. In Blickweite zum Fluss und dem Ortszentrum ist der ungewöhnliche Nachbar die Inline-Arena, in der man zu den Öffnungszeiten auf Nachfrage auch duschen kann. Für Fans von Inlineskaten ein Traum! Der Stellplatz bietet große Stellflächen für »Dickschiffe«, Campingausrüstung und der Grill können ausgepackt werden.

TIPP

Auf dem Donauradweg oder mit der Bahn geht es nach Donaueschingen (15 Kilometer). In einigen Zügen ist auch die Mitnahme der Fahrräder erlaubt, die einfache Strecke lässt sich selbst mit Kindern gut fahren.
Stellplatz für 37 Wohnmobile an der Inline-Arena, Am Espen 8, 78187 Geisingen, GPS-Daten 47°55'13" N, 8°39'0" E

2 NATURPARK OBERE DONAU

Hohenzollernschloss Sigmaringen

Das Hohenzollernschloss Sigmaringen ist das zweitgrößte Stadtschloss Deutschlands. Bäcker und Supermarkt sind nur wenige hundert Meter entfernt, man steht also sehr zentral, trotzdem ist es nachts sehr ruhig. Der Naturpark Obere Donau macht tolle Wandertouren möglich. Die fünf neuen Sigmaringer Premiumwanderwege führen über die Donaufelsen, an die Ufer, in die Höhe oder mitten ins Grüne. Hervorragende Radwege oder auch die Option, eine Kanutour zu machen, komplettieren das großzügige Freizeitangebot.

TIPP

Stellplatz an der Stadthalle, Georg-Zimmerer-Str. 6, 72488 Sigmaringen, GPS-Daten 48°5'6" N, 9°12'35" E
Alternativ kann man für einen längeren Aufenthalt den Campingplatz nutzen, der vor allem für Kinder und Jugendliche viel zu bieten hat.

Vom Schloss Sigmaringen aus regierten die Herzöge von Hohenzollern-Sigmaringen.

(1) Das barocke Rathaus von Lauingen.
(2) An vielen Stellen, wie hier bei Lauingen, wirkt das Donautal völlig unberührt.
(3) Den Naturpark Obere Donau prägen steile, oft schroffe Kalkfelsen.

1

2

3 AM E-PARK LAUINGEN

Technik, die begeistert

Seit 2016 befindet sich im schönen Lauingen an der Donau ein Eisenbahn-Erlebnispark im Maßstab 1:32, der das Herz eines jeden Modellbauers höher schlagen lassen dürfte. Nur wenige Meter weiter wurde 2017 Europas modernstes Traktorenwerk der Firma Deutz eingerichtet, in dem alle Technikinteressierten auf ihre Kosten kommen. Mit angeschlossenem Museum, einem eigenem Kinderbereich und Werksbesichtigungen mit Führung bietet die Deutz-Fahr Arena ein umfangreiches Programm für alle Altersklassen.

TIPP

Stellplatz an der Stadthalle, Georg-Zimmerer-Str. 6, 72488 Sigmaringen, GPS-Daten 48°5'6" N, 9°12'35" E
Stellplatz E-Park, Riedhauser Str. 60, 89415 Lauingen, GPS-Daten 48°34'21" N, 10°25'20" E

4 FAIMINGEN

Römische Vergangenheit

Südlich des Stellplatzes Richtung Donauwehr ist im Ortsteil Faimingen der romanische Apollo-Grannus-Tempel zu finden. Das imposante Bauwerk ist mit 1000 Quadratmetern der größte römische Tempelbau nördlich der Alpen. Grabungen legten unter anderem eine doppelte Säulenhalle frei. Den mitten im Ort gelegenen Bau aus dem 2. Jh. n. Chr. kann man sogar kostenlos besichtigen. Der Name ist die Verschmelzung des griechisch-römischen Gottes der Heilkunst Apollon mit dem keltischen Heilgott Grannus.

TIPP

Nähere Informationen zur Anlage und den Öffnungszeiten: www.bayern-im-web.de/apollo-grannus-tempel-faimingen, www.lauingen.de

5 DONAURIED Fahrradtour durch die Auwälder

Im Naturpark Obere Donau kommt man bei Faimingen am Wehr auf den Donauradweg, der einen hier unmittelbar am Donaustausee in die wunderschönen Auwälder entlang des Donaumooses und durchs Donauried führt. Die Feuchtgebiete in der westbayerischen Flusslandschaft zwischen Ulm und Donauwörth vermitteln ein weitgehend naturbelassenes landschaftliches Idyll. Es ist der Lebensraum von seltenen Vögeln, Amphibien, Tagfaltern und heimischen Pflanzenarten, die als gefährdet auf der Roten Liste bedrohter Arten stehen.

TIPP

Streckenabschnitte mit genauen Kilometerangaben der Ortschaften: www.donauradweg.bayern

Vorsicht: Nicht zu weit fahren, das Bett wird nass!

In Neuburg steht man schön und dabei sogar kostenlos.

6 NEUBURG GANZ NAH AN DER DONAU

Alte Residenzstadt mit viel Flair

Unmittelbar am Donauufer stehen die Wohnmobile kostenlos! Der Radwanderweg ist praktisch vor der Tür, und es sind nur wenige hundert Meter in die beeindruckende Innenstadt. Alle Sehenswürdigkeiten der jahrhundertealten Residenzstadt aufzuzählen, würde hier den Rahmen sprengen. Genannt sei in jedem Fall der zentrale Schrannenplatz mit der wunderschönen Markthalle. Hier und auf dem Platz findet, in der Kulisse des Gebäudeensembles, auch der Wochenmarkt statt, auf dem nur regionale Händler und Bauern ihre frischen Produkte anbieten. Die Gelegenheit, sich für ein opulentes Abendmahl am Wohnmobil einzudecken. Am nächsten Tag können sich die Radsportfreunde dann wieder aktiv der Kalorienverbrennung widmen. Der Landkreis Neuburg-Schrobenhausen hat eine hervorragende Fahrradkarte mit dem Titel »Radeln und Entdecken« herausgebracht, die man in der Touristeninformation am Ottheinrichplatz kostenlos erhält. Hier sind sehr schöne Rundwege mit entsprechenden Zielen präsentiert, sodass es nicht nur um die gefahrenen Kilometer geht!

Für Kunstinteressierte ist der Stützpunkt der Bayrischen Staatsgalerie im Westflügel des Schlosses mit flämischer Barockmalerei sicherlich ein Muss. Höhepunkt bilden die Meisterwerke »Das Pfingstwunder« und die »Anbetung der Hirten« von Peter Paul Rubens. Außerdem sind noch 150 (!) weitere Schätze geboten, die zwei Sammler aus dem Adelsgeschlecht der Wittelsbacher im 17. Jahrhundert zusammengetragen haben.

Sehr zu empfehlen ist die Karte mit dem Stadtrundgang von der Touristeninformation. Da kann man wunderbar auf eigene Faust losziehen und sich seine Pausen bei dem vielfältigen Restaurant- und Essensangebot selber einteilen. Die Vielzahl der Straßenzüge aus dem Barock und der Renaissance sind das Bergauf und Bergab allemal wert. Aber auch das Angebot und die Vielfalt geführter Rundgänge können sich sehen lassen. So individuell wird man selten betreut. Gegenüber vom Stellplatz auf der anderen Seite der Donau sieht man auch den Campingplatz, für alle, die vielleicht länger verweilen möchten und etwas Komfort wünschen. Dazwischen liegt in der Mitte des Flusses das Wohnrevier der Leopoldineninsel mit einem schönen Donaustrand, die man zu Fuß erkunden kann.

NICHT WENIGER ALS 13 VERSCHIEDENE STADTFÜHRUNGEN WERDEN ANGEBOTEN, DARUNTER DIE RESIDENZSTADTFÜHRUNG, DIE ABENDFÜHRUNG SOWIE EINE MILITÄRGESCHICHTLICHE.

TIPP

Stellplatz Schösslwiese, 20 kostenlose Stellplätze auf ebener geschotterter Fläche, ganzjährig nutzbar auch für schwere Wohnmobile.

Ingolstädter Str./Zur Ringmeierbucht, 86633 Neuburg an der Donau, GPS-Daten 48°44'25" N, 11°10'54" E

Die Altstadt von Passau liegt auf der Halbinsel in der Donau

7 DREIFLÜSSESTADT PASSAU

Ganzjahresziel für die ganze Familie

Einen klassischen »City-Stellplatz« für alle Erlebnishungrigen findet man in Passau am Zusammenfluss von Inn, Donau und Ilz, mit Blick aufs Wasser und nur einen Katzensprung zur Halbinsel mit der Altstadt. Gleich nach dem »Festmachen« können sich die Kinder auf dem schönen Spielplatz und die Hunde auf den Uferweg austoben. Die Domstadt Passau ist ein Ganzjahresziel, und ihre Lage an der Grenze zu Österreich eröffnet zu dem noch die Option für einen Abstecher ins Nachbarland. Die Feste Oberhaus thront auf der Seite des Stellplatzes und lässt sich mit entsprechender Kondition erobern. Mit 65 000 Quadratmetern Fläche gehört die Feste zu den größten Festungsanlagen Europas. In der Altstadt wartet der Dom St. Stephan mit dem nächsten Superlativ, der mit 17 974 Pfeifen und 233 Registern größten Domorgel der Welt.

TIPP

Wirtshaus Altes Bräuhaus, Bräugasse 5, 94032 Passau, sehr zu empfehlen das Mittagsgericht für 6,90 €.

Stellplatz Ilzbrücke, Halser Straße, 94032 Passau, GPS-Daten 48°34'42" N, 13°28'25" E

Auf einem der Hügel beim niederbayrischen Riedenburg erhebt sich die Rosenburg.

DIE ALTMÜHL

Ein bayrischer Fluss

Die Altmühl ist der längste Fluss Deutschlands in nur einem Bundesland, nämlich dem Freistaat Bayern. Sie entspringt im südlichen Abhang des fränkischen Landrückens bei Rothenburg ob der Tauber und mündet bei Kelheim in die Donau, wobei sie die letzten 30 Kilometer im künstlichen Bett des Main-Donau-Kanals fließt.

Eines steht fest: Egal, wo man die Altmühl das erste Mal wahrnimmt, ob auf der A9 südlich von Greding, beim fränkischen Seenland in Gunzenhausen oder an der Befreiungshalle in Kelheim: Man hat immer sofort das Bedürfnis, ihr zu folgen, besser noch, gleich zu stoppen und die Nähe zur Natur zu genießen! Ihre vielfältige Flora und Fauna begeistert, der häufige Eindruck von Unberührtheit dieser Flusslandschaft täuscht nicht, und für Wohnmobilfahrer ist es ein Erlebnis, ja manches Mal eine Herausforderung, dem verschlungenen Flusslauf auf einer Straße zu folgen. Denn abseits der großen Wege entfaltet die Altmühl ihren authentischen Charme, genau wie die Menschen, die in dieser Region leben und die man besonders in den kleinen gastfreundlichen fränkischen Dörfern trifft.

»TOP 3 STELLPLÄTZE DER REGION«

- Stellplatz Brühlwiese,
  Steinweg,
  91578 Leutershausen,
  GPS-Daten 49°17'49" N, 10°24'38" E

- Stellplatz an der Hammermühle,
  Hammermühle 3,
  91804 Mörnsheim-Altendorf,
  GPS-Daten 49°17'49" N, 10°24'38" E,
  www.zeltplatz-hammermühle.de

- Stellplatz Kelheim,
  Am Pflegerspitz 1,
  93309 Kelheim,
  GPS-Daten 48°54'53" N, 11°52'35,6" E

Am Naturfreibad Leutershausen schwimmt man im Wasser der Altmühl.

1 LEUTERSHAUSEN

Die Brühlwiese vor der Stadtmauer

Man steht fußläufig zum Altstadtkern mit seinen verwinkelten Gassen und Häusern. Von der Stadtmauer sind noch Reste erhalten, das Ober- und Untertor. Im Fremdenverkehrsamt am Markt gibt es gratis Fahrrad- und Wanderkarten, außerdem erhält man noch den ein oder anderen Insidertipp der netten Mitarbeiter. Auf keinen Fall sollte man es im Sommer versäumen, das kostenlose Flussfreibad zu besuchen. Hier gibt es übrigens auch sanitäre Einrichtungen. Die Altmühl eignet sich sehr gut zum Angeln.

TIPP

Nur 300 Meter entfernt vom Naturbad Altmühlfreibad heißt Leutershausen seine mobilen Gäste willkommen. Wohnmobile stehen hier ganzjährig auf gut befestigtem Untergrund mit Rasengittersteinen kostenlos. Stellplatz Brühlwiese, Steinweg, 91578 Leutershausen, GPS-Daten 49°17'49" N, 10°24'38" E

2 DURCH DAS ALTMÜHLTAL

Paradies zum Wandern und Radeln

Sechs verschiedene Rundwanderungen von 14 bis 27 Kilometern Länge führen durch die fränkische Altmühlregion. Das Schöne ist, dass alle als Rundkurs mit identischem Start- und Zielort geplant wurden. Unser Favorit ist der Fuchsweg, den bewegungshungrige Reisende sowohl erwandern als auch erradeln können, denn ein Teil der Strecke führt entlang des Altmühlradweges. Zudem ist er gut für Kinder geeignet, und im Ortsteil Jochsberg kann man nach getaner Arbeit im Brauereigasthaus einkehren.

TIPP

Brauerei Reindler, Brauhausweg 5, 91578 Leutershausen, www.brauerei-reindler.de

Bizarre Felsblöcke am Altmühl-Panoramaweg, der von Gunzeshausen bis nach Kelheim führt.

Der ganze Stolz von Spalt – die Zehntscheune von 1457.

3 SPALT Hopfen und Malz

Die traditionsreiche Bier- und Hopfenstadt Spalt hat mit dem 1457 erbauten Zehentstadel den stattlichsten Profanbau der gesamten Region. Das Kornhaus ist 36 Meter lang, 13 Meter breit und 20 Meter hoch. Auf 1200 Quadratmetern erlebt man gut erhaltenes Fachwerk mit einer imposanten Innenkonstruktion sowie die Welt des Hopfens und des Bieres. Ein mächtiger Wald sei zum Bau nötig gewesen, schreibt ein Chronist. Das Museum »HopfenBierGut« ist einen Besuch wert, es werden auch Bierseminare angeboten.

TIPP

Museum Kornhaus Spalt, Gabrieliplatz 1, 91174 Spalt, www.hopfenbiergut.de
Touristeninformation: im Museum, www.spalt.de

4 ENDERNDORF Das fränkische Seenland

Altmühlsee, Großer und Kleiner Brombachsee bilden hier das Freizeit- und Erholungsgebiet Fränkisches Seenland. Kleine Gasthäuser mit unschlagbarem Preis-Leistungs-Verhältnis laden zur Einkehr ein. Der Ort Enderndorf im oberen Teil der Brombachseen vermittelt mit seinem weiten Blick einen wunderschönen Eindruck vom Tal. Sehr ruhig und idyllisch gelegener Platz an einem Südhang mit herrlichem Seepanorama. Surfen, Radfahren, Wandern, Schwimmen oder einfach faulenzen, hier lässt es sich aushalten.

TIPP

110 Stellplätze bieten viel Platz. Wohnmobilstellplatz Panorama, Enderndorf am See, 91174 Spalt, GPS-Daten 49°09'01" N, 10°54'32" E

Tolle Stellplätze im fränkischen Seenland laden zur Übernachtung ein.

5 ALTENDORF Wasserrutsche Hammermühle

Schon die Anfahrt auf der kleinen Landstraße über Mühlheim und Mörnsheim durch das Gailachtal ist eine Offenbarung für die Sinne. Kühe grasen friedlich in den satten Wiesen, Enten watscheln im Ort über die Straße. Der Stellplatz liegt hinter der Ortschaft Altendorf links über die Brücke. Da wir unmittelbar an der »Wasserrutsche« Hammermühle sind, gibt es hier noch interessante Informationen zum Thema Kajak- und Kanadiertouren. Denn das Gewässer ist prädestiniert dafür, erobert zu werden. Geringe Wassertiefe, angenehme Fließgeschwindigkeit, und für Naturfreunde jeden Alters und für Familien ist die Tour auf der Altmühl ein unvergessliches Erlebnis. Gemeinsam erforscht man den Fluss und genießt entspannte und unterhaltsame Stunden. Direkt vor der Wohnmobiltür verläuft auch der Altmühlradwanderweg.

TIPP

Bootsverleih Frankenboot, Station vor Ort, www.frankenboot.de
Wohnmobilstellplatz Hammermühle, Hammermühle 3, 91804 Mörnsheim-Altendorf, GPS-Daten 49°17'49'' N, 10°24'38'' E

Blick aus dem Fenster auf dem
Weg zur Hammermühle.

Riedenburg ist eine Reise mit dem Wohnmobil wert.

6 RIEDENBURG

Geier kreisen über dem Tal

Im ehemals kleinen Riedenburg kann man gut die Entwicklung eines Ortes nachvollziehen. Flussabwärts rechts konnte er sich durch den Zufluss des Schambachs nicht mehr ausdehnen, sodass der alte Ortskern ursprünglich blieb. Der gesamte moderne Teil wanderte an die andere Uferseite. Über allem thront die Rosenburg, die seit vielen Jahrzehnten eine Falknerei mit frei fliegenden Geiern beherbergt. Der Marktplatz wirkt sehr einladend, und es gibt schöne alte Gasthöfe. Unweit des Schiffanlegers liegt der große Wohnmobilstellplatz.

TIPP

Zur Falknerei führt am Ortsende ein schöner Waldweg hinauf zur Riedenburg. Museum und Falknerei kann man auch getrennt besuchen. Die Flugvorführungen sind professionell. Stellplatz Riedenburg, Volksfestplatz, 93339 Riedenburg, GPS-Daten 49°17'49" N, 10°24'38" E

7 ENDSTATION KELHEIM

Wo die Freiheit thront

Zum Gedenken des Sieges in den Freiheitskämpfen gegen Napoleon 1815 wurde als thronendes Mahnmal die Befreiungshalle errichtet. Schon von Weitem sieht man diesen beeindruckenden Kuppelbau, der, je näher man kommt, immer beeindruckender wird. Kelheim hat eine sehr gut erhaltene Altstadt und ist der Kreuzungspunkt von Altmühl und Donau. Eine Bootstour durch den Donaudurchbruch bis zum Kloster Weltenburg ist sehenswert, zur Belohnung gibt es das weltberühmte Weltenburger Klosterbier mit der Spezialität, dem Assam Bock!

TIPP

Stellplatz im Grünen zwischen Altmühl und Donau, Am Pflegerspitz 1, 93309 Kelheim, GPS-Daten 48°54'53" N, 11°52'35,6" E

Einmalig in Deutschland, die Befreiungshalle in Kelheim.

Das Nahetal hinter
Bad Kreuznach.

DIE NAHE

Sonnenverwöhntes Weinland

Für den 125 Kilometer langen linken Seitenarm des Rheins gilt wohl die Weisheit »In der Kürze liegt die Würze«. Nicht umsonst wurde hier dank der günstigen Klimaströmungen und stabilen Sonneneinflüsse schon vor Jahrhunderten Wein angebaut.

Ein weiteres Plus für Wohnmobilisten ist die gelungene Anbindung von Straßen- und Flussverlauf, die es einem ermöglicht, der Nahe auch auf der Strecke ganz nah zu sein! Städte wie die ehemalige Edelsteinmetropole Idar-Oberstein, das traditionsreiche Kirn, Bad Sobernheim und natürlich Bad Kreuznach sorgen für viel Abwechslung auf der Route. Die frühere Bedeutung der Handelswege unterstreichen die zahlreichen Schlösser, Burgen und Ruinen. Allein im zulaufenden Hahnenbachtal nördlich von Kirn gibt es derer sechs auf einer Länge von gerade mal 15 Kilometern. In der Gesamtheit wird den Naturfreunden, sei es nun auf Campingplätzen oder Stellplätzen, ein tolles Angebot für eine oder mehrere Übernachtungen zuteil. Nicht auslassen sollte man den ein oder anderen Abstecher in die kleinen Seitentäler, zumal es sich dabei ganz oft nur um einige Kilometer handelt.

»TOP 3 STELLPLÄTZE DER REGION«

- Stellplatz Höhenblick,
  Sonnenberger Str. 8,
  55767 Oberbrombach,
  GPS-Daten 49°41'41" N, 7°15'34" E
- Stellplatz Nohfels,
  Hömigweg 1,
  55566 Bad Sobernheim,
  GPS-Daten 49°46'45" N, 7°39'29" E,
  www.amnohfels.de
- Stellplatz Saline Karlshalle 900-901,
  55543 Bad Kreuznach,
  GPS-Daten 49°49'41" N, 7°51'0,4" E

(1) Im Fels verbirgt sich ein Gotteshaus: die Felsenkirche Idar Oberstein. (2) 2016 wurde Idar-Oberstein der Titel »Nationalparkstadt« verliehen. (3) Erst die Kyrburg erkunden und dann lecker essen!

1 NOHEN Amerikanische Provinz

Mit rund 15 000 stationierten US-Soldaten sowie dem großen Truppenübungsplatz Baumholder lässt sich ein Leben ohne den größten Arbeitgeber der Region nur schwer vorstellen. Hier findet man viele geschützte Naturbereiche, die man zu Fuß oder mit dem Fahrrad erkunden kann. Beide Orte sind sehr gastfreundlich und strahlen Pfälzer Gelassenheit aus. Die Übernachtungsmöglichkeiten liegen, bis auf den einfachen Stellplatz vor bzw. am Sportplatz Nohen, alle etwas von der Nahe entfernt.

TIPP

Es gibt einen wunderschönen Blick auf die Nohener-Nahe-Schleife. Stellplatz am Sportplatz Nohen, GPS-Daten 53°13'30" N, 7°25'8" E

2 IDAR-OBERSTEIN Funkelnder Edelstein

Das am Rande des Nationalparks Hunsrück-Hochwald gelegene ehemalige Schmuck- und Edelsteinzentrum Idar-Oberstein hat seinen Reiz bis in die heutige Zeit bewahrt. Das architektonische Meisterwerk, die Felsenkirche, thront über der Altstadt, zusammen mit der oberhalb liegenden Schlossruine ein beeindruckendes Ensemble. Zu besichtigen gibt es die Edelsteinminen im Steinkaulenberg. Parken kann man sehr gut am Stellplatz an der Börse, der zur Not für eine Übernachtung genutzt werden kann.

TIPP

Etwas außerhalb, mitten in der Natur auf 470 Metern Höhe, ist der Stellplatz Höhenblick zu finden. Hier gibt es sogar einen Brötchenservice und eine Grillstelle. Sonnenberger Str. 8, 55767 Oberbrombach, GPS-Daten 49°41'41" N, 7°15'34" E

3

3 KIRN UND DIE KYRBURG

Im Zeichen der Burg

Mehr als 3000 Flaschen aus der ganzen Welt lassen sich im Whisky-Museum in der schönen Kulisse der Kyrburg bestaunen, verkosten und natürlich auch käuflich erwerben. Die große Burgruine aus dem Jahr 936 bietet wahrlich viel zu entdecken. Im Sommer gibt es in den alten Mauern sogar Open-Air-Konzerte. An der hübschen Altstadt fließt der Hahnenbach in die Nahe, und es gibt eine sehr interessante Audiotour zum »Leben am Fluss«, die man kostenlos am Marktplatz bei der Touristeninformation erhält.

TIPP

Bei dem tollen Angebot, besonders dem Whisky-Museum, ist es gut, dass man direkt an der Nahe auf dem Stellplatz Kiesel übernachten kann! Fontaine-les-Dijon-Straße/Teichweg, 55606 Kirn, GPS-Daten 49°47'3" N, 7°27'29,6" E

Am Stellplatz Nohfels ist man stets bemüht um den mobilen Gast.

4 BAD SOBERNHEIM

Am Tal der Nachtigallen

Der Kurort mit langer Tradition hat eine tolle Lage im Grünen und viele Aktivitäten zu bieten. Nur 700 Meter vom Stellplatz entfernt findet man das Rheinland-Pfälzische Freilichtmuseum im Nachtigallental. In 40 Gebäuden kann man das Alltagsleben der Menschen aus 500 Jahren Geschichte hautnah erleben. Fährt man den Nahe-Radweg vom Stellplatz aus in nordöstlicher Richtung entlang, kann man in seinem Verlauf mehrfach die Uferseite wechseln und somit den Rückweg auf der anderen Seite antreten.

TIPP

An einem Gasthaus unmittelbar am Naheufer und -Radweg findet man den Wohnmobilstellplatz Am Nohfels. Hier startet der beliebte Barfußpfad. Höhepunkt ist die Querung der Nahe in einer Flussaue!
Hömigweg 1, 55566 Bad Sobernheim, GPS-Daten 49°46'45" N, 7°39'29" E

5 BAD KREUZNACH

Wellness, Wandern, Wein genießen

Südlich der Altstadt, bevor die Nahe den Endspurt zum Rhein startet, kann man noch mal richtig durchatmen. Am Ufer entlang geht es zu Fuß oder mit Fahrrad, alternativ mit dem Bus, in die City rund um das Wahrzeichen der Stadt, die Brückenhäuser. Wunderschöner Stellplatz im Salinental bei den großen Gradierwerken, dem Brauhaus, Kurpark und Freibad. Nur 300 Meter entfernt führt die Fußgängerbrücke zum Nahe-Rad und -wanderweg, der einen in kürzester Zeit sogar nach Bad Münster am Stein führt.

TIPP

Der Wohnmobilstellplatz im Salinental ist aufgrund seiner Lage mehr als nur ein Übernachtungsort auf der Durchfahrt und taugt mit seinem unmittelbaren Angebot auch für mehrere Tage. Saline Karlshalle 900, 55543 Bad Kreuznach, GPS-Daten 49°49'41" N, 7°51'0,4" E

Gastronomie mit Blick auf die Brückenhäuser von Bad Kreuznach.

Der Wiesentradweg –
schöner kann radeln nicht sein!

DIE WIESENT

Naturpark Fränkische Schweiz

Der Nebenfluss der Regnitz windet sich auf nur 78 Kilometern durch die einzigartige Naturlandschaft der Fränkischen Schweiz. Um die heimische Tier- und Pflanzenwelt zu erhalten, hat der Naturpark deshalb auch für seine Besucher Verhaltensregeln aufgestellt.

Einige Abschnitte sind beispielsweise zu bestimmten Zeiten für Kanuwanderer gesperrt. Auch wenn dieses Gebiet zwischen den Autobahnen A73 im Westen und der A9 im Osten sehr begrenzt ist, hat es viel Abwechslung zu bieten. Man kann sich auch schlecht strikt an den Lauf der kleinen Wiesent halten, sondern muss ihre Lage in der Mitte des Naturparks als Orientierung sehen. Beim Ansteuern von Sehenswürdigkeiten oder Stellplätzen bedeutet dies meist nur Abstecher von wenigen Kilometern. Kanufahren, Wandern, Radfahren, eine Höhle entdecken oder mit der Museumseisenbahn fahren und vielleicht einfach mal in einem schönen Gasthof übernachten. Die Tage an der Wiesent sind kurzweilig, die ursprünglichen Orte wie Ebermannstadt, Gößweinstein oder Pottenstein überaus sehenswert. Mit Forchheim erreicht man dann den Zielpunkt der Tour durchs Frankenland.

»TOP 3 STELLPLÄTZE DER REGION«

- Stellplatz Brauerei Reichhold,
  Hochstahl 24,
  91347 Aufseß,
  GPS-Daten 49°53'2" N, 11°16'3" E,
  www.reichold.de
- Campingplatz »Steinerner Beutel«,
  Haupstr. 54,
  91344 Waischenfeld,
  GPS-Daten 49°51'4" N, 11°20'30,7" E
- Wohnmobilpark Pottenstein,
  Am Langen Berg 5,
  91278 Pottenstein,
  GPS-Daten 49°45'47" N, 11°24'31" E

Wir empfehlen festes Schuhwerk und einen guten Durst.

2 AUFSEẞ Fränkische Braukunst

Unweit vom Stellplatz an der Brauerei Reichhold geht es über die kleine Landstraße oder zu Fuß über den fränkischen Höhenweg zum Hauptort Aufseß. Hier braut die Familie Rothenbach in sechster Generation Aufsesser Bier. Tradition, die verpflichtet und die man mit Stolz seinen Gästen zeigt. Eine Führung durch die kleine Brauerei ist mehr als eine technische Präsentation. Man ist mit allen Sinnen dabei, wenn der Braumeister seine Leidenschaft und Liebe zu dem Naturprodukt weitergibt.

TIPP

Aufsesser Brauerei, Im Tal 70, 91347 Aufseß, www.brauereigasthof-rothenbach.de

1 DURCH DAS WIESENTTAL

Wanderpass »Fränkische Bierfahne«

Von Norden kommend führt die B22 von der Quellregion Steinfeld zum oberen Wiesenttal. Hinter Moggendorf geht es durch Wälder und Wiesen zur Brauerei Reichhold mit Stellplatz nach Hochstahl. Der Gasthof Reichhold liegt am Brauereienweg, wo man sich auf 14 Kilometern seinen Wanderpass bei vier Brauereien abstempeln lassen kann. Dafür erhält man die »Fränkische Bierfahne«! Das Bier und eine ruhige Nacht im Nichts begeistern die mobilen Gäste immer wieder!

TIPP

Nicht verpassen: der Brauereienweg durch traumhaft schöne Landschaft mit vier tollen Stopps!
Stellplatz Brauerei Reichhold, Hochstahl 24, 91347 Aufseß, GPS-Daten 49°53'2" N, 11°16'3" E

3 WAISCHENFELD Am Ufer der Wiesent

Das kleine Waischenfeld bietet mit dem Campingplatz »Steinerner Beutel« und seiner guten Infrastruktur einen tollen Ausgangspunkt für zahlreiche Erlebnisse. Direkt am Ufer geht es zu Fuß oder mit dem Fahrrad zu diversen Aktivitäten. Die Kinder entdecken das Geheimnis des steinernen Beutels oder erkunden die Burg. Hunde können eine Runde in der Wiesent schwimmen und der Rest im benachbarten Freibad. Wer schon immer mal angeln lernen wollte, sollte hier die Gelegenheit nutzen.

TIPP

Das Lokal Zum Würzi ist fast so günstig wie selber grillen und hat ganzjährig geöffnet.
Campingplatz »Steinerner Beutel«, Haupstr. 54, 91344 Waischenfeld, GPS-Daten 49°51'4" N, 11°20'30,7" E

Schloss Unteraufseß in der Fränkischen Schweiz.

Der »Steinerne Beutel« in Waischenfeld.

Auf Trüffelsuche in der Fränkischen Schweiz.

4 GÖẞWEINSTEIN

Wer hätte das gedacht?

Beim Wort Trüffel denkt man erst mal an Italien oder Frankreich, aber Trüffelsuche geht auch hier. Ein zweitägiges Seminar für Hundenasen führt an versteckte Orte, die nur Insider kennen. Wer also einen tierischen Freund mit Vorliebe für Suchspiele hat, sollte das unbedingt einplanen. Es gibt einen einfachen Stellplatz, wir empfehlen jedoch, die fünf Kilometer weiter bis nach Pottenstein zu fahren. Hier warten das legendäre Felsenbad, das Freilichtmuseum Fränkische Schweiz und für Actionfreunde eine Sommerrodelbahn.

TIPP

Trüffelseminare Grundkurs I bietet die deutsche Trüffelschule unter www.trueffelschule.de an.
Wohnmobilpark Pottenstein, Am Langen Berg 5, 91278 Pottenstein, GPS-Daten 49°45'47" N, 11°24'31" E

5 EBERMANNSTADT

Der fränkische Allrounder

Auf dem Weg nach Ebermannstadt sollte man zwischen Wiesenttal und Streitberg rechts dem Hinweisschild zur Binghöhle folgen. Sie gehört zu den größten Tropfsteinhöhlen Deutschlands mit unterirdischen Flüssen und riesigen Hallen mit toll angeleuchteten Steinmonumenten. Jacke nicht vergessen, hier hat es immer 9° C! Im Ort geht die Tour mit der Museumseisenbahn oder dem Kanu zur Behringer Mühle los, ein Kleinbus bringt einen zurück zum Wohnmobil. Am Kirchplatz steht eine alte Wassermühle aus dem 17. Jahrhundert.

TIPP

Bei der Sternwarte an der Jugendburg Feuerstein finden zu besonderen Anlässen tolle Abendveranstaltungen bei Dunkelheit statt.
Kostenloser Stellplatz am Oberen Tor, Oberes Tor 7, 91320 Ebermannstadt, GPS-Daten 49°46'58" N, 11°11'23" E
Alternativ: Campingplatz Rothenbühl, zwei Kilometer außerhalb.

Die Museumsbahn »Dampfbahn Fränkische Schweiz« auf ihrem Weg durch das Wiesenttal zwischen Ebermannstadt und Behringersmühle.

Die berühmten Schänken im Forchheimer Kellerwald.

6 FORCHHEIM

Das Tor zur Fränkischen Schweiz

Hier ist Endstation für die Wiesent, denn hier mündet sie in die Regnitz. Zurück in der Zivilisation, findet man sich hier in einer wundervoll restaurierten Altstadt und hat von der Sportinsel direkten Anschluss an den brillant ausgebauten Fahrradweg entlang des Main-Donau-Kanals. Nur wenige Kilometer weiter Richtung Süden passiert man die Kanalschleuse Hausen. Am westlichen Rand der alten Wehrmauer geht der Blick vom Wohnmobil bis zur Kaiserpfalz mit dem daneben liegenden alten Amtsgericht.

TIPP

Stellplatz auf der Sportinsel für 20 Wohnmobile, sehr gut ausgestattet. Von März bis Oktober kann man auch die Duschen der Sportanlage nutzen. An der Regnitzbrücke, 93101 Forchheim, GPS-Daten 49°53'15,8" N, 11°2'59,5" E

7 DER KELLERWALD

Ein kühles Bier im Baumschatten

Über 400 Jahre wurden kilometerlange Gänge in einem unterirdischen Labyrinth als Reife- und Lagerkeller genutzt. Irgendwann entstand die Idee, den Gerstensaft gleich am Ort seiner Lagerung zu trinken. Man stellte Tische und Bänke auf – das war die Geburtsstunde des Kellerwaldes. Mehr als 20 dieser Kellerschänken machen den Kellerwald wohl zum größten Biergarten der Welt. Höhepunkt ist jedes Jahr im Juli das Annafest im Kellerwald. Glocken-, Schaufel-, Schlössla- oder Eichhorn-Keller heißen willkommen!

TIPP

Die Öffnungszeiten der Keller können je nach Wetter variieren, eventuell lohnt sich vorab ein Anruf, die Nummern finden Sie unter www.forchheim-erleben.de

Fachwerkkunst
im oberfränkischen
Forchheim.

Am Mainwehr bei Würzburg.

DER MAIN

Historischer Fluss der Spätantike

An seinen Hängen erstrecken sich die fränkischen Weinbaugebiete, und an seinen Ufern finden sich zahlreiche historische Altstädte kleinerer Orte wie die von Miltenberg, Wertheim, Bad Staffelstein, aber auch der Stadtkern der schönen Residenzstadt Würzburg.

Die Weinorte sind sehr gut auf die mobilen Gäste eingestellt, und die Auswahl an reizvollen Wohnmobilstellplätzen kann sich sehen lassen. Vereinzelt laden die Winzer auf ihre Weinbauernhöfe ein und bieten lehrreiche Touren durch ihre Weinberge an. Auf dem größten Teil seiner 527 Kilometer langen Fließstrecke hat der Main eine in Mitteleuropa seltene ost-westliche Hauptausrichtung. Im Vergleich zum Rheinlauf hat der Main deutlich weniger begleitenden Bahnverkehr, und auch als Schifffahrtsstraße ist er nicht so stark frequentiert. Dadurch ist eine Übernachtung an seinen Ufern meist eine ruhige Angelegenheit. In Abschnitten, die Brückenverkehr haben, hat sich ganz oft die kleine Mainfähre gehalten. Hat man mit dieser den Fluss gequert, hinterlässt dieses Erlebnis eine nostalgische Erinnerung.

»TOP 3 STELLPLÄTZE DER REGION«

- Stellplatz der Naturfreunde,
  Am Hafen 8,
  97437 Haßfurt,
  GPS-Daten 50°1'34" N, 10°30'59" E
- Stellplatz Obereisenheim,
  An der Mainaue 2,
  97247 Eisenheim,
  GPS-Daten 49°53'19,7" N, 10°10'47" E,
  www.stellplatz-obereisenheim.de
- Wohnmobilhafen Mainstockheim,
  Albertshöfer Straße,
  97320 Mainstockheim,
  GPS-Daten 49°46'19" N, 10°9'21" E

Blick auf den Flugplatz Haßfurt mit Ort.

1 BAD STAFFELSTEIN

An den Mainseen

Bei Bad Staffelstein liegen drei große Seen direkt am Mainlauf. Der Stellplatz befindet sich an der exklusiven Obermain Therme. Der Kurpark mit der Seebühne liegt auf der einen, der Weg durch den Stadtpark zur Altstadt auf der anderen Seite! Die Seen lassen sich zu Fuß oder mit dem Fahrrad komplett umrunden, ein Teil des Weges verläuft am Mainufer. Sehenswert sind die Wallfahrtsbasilika Vierzehnheiligen und die Benediktinerabtei Kloster Banz. Es gibt einen Bootsverleih, im Sommer werden Ausflüge mit dem Floß angeboten.

TIPP

Wohnmobilstellplatz an der Obermain Therme, Am Kurpark 1, 96231 Bad Staffelstein, GPS-Daten 50°6'30" N, 10°59'18,7" E

2 NATURFREUNDE HAßFURT

Einfach mal in die Luft gehen

Die Naturfreunde Haßfurt bieten einen traumhaften Stellplatz in Uferlage an. Ein Paradies für Wasseraktive mit eigenem Kajak/Kanu. Wer schon immer mal in die Luft gehen wollte, kann am kleinen Verkehrsflughafen einen Rundflug über die Weinbaugebiete Mainfrankens schon ab 50 € buchen oder mit dem Sky Dive Club sogar den Tandemsprung mit Fallschirm wagen. Am Naturfreundehaus Meehäusle selbst gibt es einen schönen Biergarten. Die Ritterkapelle, Wahrzeichen der Stadt, kann man bei einem Rundgang in der kompakten Altstadt erkunden.

TIPP

20 Wohnmobile finden am Stellplatz der Naturfreunde direkt am Mainufer ein wunderschönes Plätzchen. Am Hafen 8, 97437 Haßfurt, GPS-Daten 50°1'34" N, 10°30'59" E

Mainblick vom Stellplatz bei den Naturfreunden aus gesehen.

Das beschauliche Winzerdorf Obereisenheim.

3 OBEREISENHEIM

Tour de Weinberge

Es gibt Herbstnachmittage, da hat man das Gefühl, der Ort gehört den Wohnmobilfreunden, denn an der Winzerhalle finden bis zu 80 Wohnmobile Platz. Die Winzer laden zu Touren durch die Weinberge ein, einige von ihnen bieten dann sogar noch am Abend einen Umtrunk mit Imbiss in ihren Besenwirtschaften oder Weinkellern an. Eine Mitarbeit in den Weinbergen ist im Frühling und im Herbst möglich. Mit dem Fahrrad oder zu Fuß lassen sich Schloss Klingenberg und die Mainschleuse Wipfeld erreichen.

TIPP

Einen Kanuverleih gibt es direkt vor Ort bei Kanu Krämer, der auch komplette Touren mit Rücktransport anbietet (www.kanu-mainerlebnis.de).
Wohnmobilstellplatz Obereisenheim, An der Mainaue 2, 97247 Eisenheim, GPS-Daten 49°53'19,7" N, 10°10'47" E

4 SEGNITZ

Das Schätzlein am Mainufer

Der Blick wird in diesem gastfreundlichen kleinen Ort direkt zur Kulisse der historischen Gemäuer von Marktbreit gelenkt, das Mainufer ist keine 50 Meter vom Stellplatz entfernt. Das Gasthaus Schätzlein bietet seinen mobilen Gästen einen gelungenen Platz für die abendliche Entspannung. Hier isst man nach fränkischen Rezepten wie bei Muttern. Der anschließende Spaziergang führt durch die Gassen auf der anderen Flussseite. Aber keine Angst, die schiefen Häuser stehen schon seit Jahrhunderten!

TIPP

Stellplatz Schätzlein, Mainstr. 8, 97340 Segnitz, GPS-Daten 49°40'13" N, 10°8'37" E, www.goldenen-anker-segnitz.de

Stellplatz Obereisenheim
am Mainufer.

Blick auf Würzburg mit Mainbrücke, alten Dächern und Kirchenbauten.

Markt in den Gassen
von Würzburg.

5 MAINSTOCKHEIM UND WÜRZBURG VERBINDEN

An der Fähre zwischen Main und Wein

Die unterfränkische Weinregion um Mainstockheim an den Ufern des Mains ist mit den Nachbarorten Kitzingen und Würzburg ein interessantes Reiseziel. Sanft schlängelt sich der Fluss durch sein oft naturbelassenes Bett, und die Hänge speichern die Wärme für einen guten Tropfen.

Durch den Grunderwerb des Ebracher Klosters im Jahr 1140 wurde der Ort Mainstockheim erstmals urkundlich erwähnt. Bereits 1515 wurde die Fährverbindung über den Main nach Albertshofen in Betrieb genommen. Der kleine Weinort hat einige bedeutende Lagen, die sich vom Main aus in die Höhe ziehen.

Der schönste Aussichtshöhepunkt in den Weinbergen ist das Mainstockheimer Hofstück. Zu diesem Ziel führt den Wanderer der Halt-a-mal-Weg, der ab der Ortsmitte sehr gut ausgeschildert ist. Zudem gibt es einen sehr ansprechenden naturbelassenen Weinwanderweg, der dem Besucher an 13 Stationen viel Wissenswertes über den Ort und seinen Wein vermittelt. Hier haben Sie die Gelegenheit, ein Stück des Jakobswegs zu gehen. Am Ende des Weinwanderwegs sind es nur 200 Meter bis zur nächsten Abzweigung, da kreuzt der Jakobsweg und führt Sie in südlicher Richtung durch den Ort bis an den Main, von wo es weiter geht bis Santiago de Compostela.

Da der Stellplatz der Stadt Würzburg keine Offenbarung ist, bietet es sich an, von hier aus eine Besichtigung zu starten, entlang des Mainradweges 17 Kilometer, mit der Regiobahn angenehme 30 Minuten. Der Bahnhof Mainstockheim-Buchbrunn ist 1,4 Kilometer vom Stellplatz entfernt, sodass man gut mit dem Rad zum Bahnhof fahren und es dort abstellen kann. Die Innenstadt ist sehr kompakt und lässt sich wunderbar zu Fuß erobern. Es erwarten einen wunderschöne Barock- und Rokokofassaden, die Feste Marienburg und natürlich Würzburgs bedeutendste Sehenswürdigkeit, das als UNESCO-Weltkulturerbe eingestufte Residenzschloss. Der Marktplatz mit seinen einladenden Ständen ist ebenfalls immer ein lohnendes Ziel. Oder man macht es wie die Einheimischen: Man stellt sich mit einem Gläschen Wein auf die berühmte Mainbrücke und genießt das Panorama.

2007 HATTE DER FÄHRMANN JOCHEN STULIER DIE IDEE, EINEN STELLPLATZ FÜR WOHNMOBILE IN DIREKTER NACHBARSCHAFT ZUM SCHIFFSANLEGER EINZURICHTEN. LASSEN SIE DAS SANFTE RAUSCHEN DES WASSERS AUF SICH WIRKEN UND WINKEN SIE ENTSPANNT DEN VORBEIFAHRENDEN SCHIFFSFÜHRERN ZU.

TIPP

Touristeninformation Würzburg, Turmgasse 11, 97070 Würzburg, www.wuerzburg.de

Wohnmobilhafen Mainstockheim, ganzjähriger Platz für 60 Wohnmobile aller Größen. Albertshöfer Straße, 97320 Mainstockheim, GPS-Daten 49°46'19" N, 10°9'21" E

Die Saale windet sich durch
die Bleilochtalsperre.

DIE SAALE

Freiheit und Natur, die wir suchen

Aus dem Fichtelgebirge kommend hält sich der Fluss zunächst nahe an der tschechischen Grenze, dann geht es durch den Frankenwald und den Naturpark Thüringer Schiefergebirge, wo die Saale bei Saalburg in die Bleichlochtalsperre und im weiteren Verlauf in die Hohenwarttalsperre gestaut wird.

Die größten und interessantesten Städte an der Saale sind Halle, Jena und Hof. Aber landschaftlich am reizvollsten sind und bleiben die Regionen mit den Anbindungen an die Seen. Campingplätze am Jersleber, Barleber oder Niegripper See können ohne Voranmeldung mit dem Wohnmobil angesteuert werden. Dazu kommen einige Wassersport- und Kanuvereine, die Gäste in begrenzter Zahl willkommen heißen. Diese sind nicht immer im Internet präsent oder werden dort beworben, da sollte man einfach mal die Augen aufhalten. Weil die Straßenverläufe häufig dem Flusslauf folgen, ist das gar nicht so schwer. Bis zur Mündung in die Elbe bei Barby gibt es immer wieder Verbindungen zum alten Flusslauf mit seinen wunderschönen Auenlandschaften und Vogelbrutgebieten sowie geschützten Pflanzenarten.

»TOP 3 STELLPLÄTZE DER REGION«

- Stellplatz am Untreusee,
  Schaumberggrund 8,
  95028 Hof,
  GPS 50°17'0" N, 11°55'7" E
- Stellplatz Freizeitbad Saalemaxx,
  Hugo-Trinckler-Str. 6,
  07407 Rudolstadt,
  GPS 50°42'18" N, 11°19'0,7" E
- Stellplatz Marina,
  Fährstraße,
  06198 Wettin-Löbejün OT Brachwitz,
  GPS 51°32'2" N, 11°52'14" E,
  www.wwz-halle.de

Einfacher Stellplatz in Hof.

1 HOF UND DAS BIEDERMEIER

In Bayern ganz oben

Nach den großen Bränden von 1823, denen 90 % der Stadtfläche zum Opfer fielen, erfolgte der Wiederaufbau nahezu vollständig im Stile des Biedermeier. Die Grenzen und Strukturen des Mittelalters wurden beibehalten, und es entstand das bis heute größte biedermeierlich geprägte Stadtensemble Deutschlands. Die Altstadt wirkt wie ein einziger großer Platz und besitzt eine lebhafte Fußgängerzone, die von der Saale durchflossen wird. Das anmutige Rückgrat bildet hierbei die Ludwigstraße – auf keinen Fall versäumen!

TIPP

Einfacher Stellplatz am Hof-Bad. 5 €, Oberer Anger, 95028 Hof, GPS-Daten 50°18'53" N, 11°55'10,3" E
Stellplatz am Untreusee, vier Kilometer zur Altstadt, gute Busanbindung, viel Natur, Minigolf, Badestrand, Bootfahren. Schaumberggrund 8, 95028 Hof, GPS-Daten 50°17'0" N, 11°55'7" E

2 DAS OBERE SAALETAL

Einfahrt ins obere Saaletal

Saale-Stausee, Bleilochtalsperre und die Talsperre Hohenwarte verbinden sich durch den Fluss zu einem großen Wasserreservoir. Beide Städtchen bieten sich für hübsche Rundgänge an. Der Campingplatz Saalburg-Bad liegt nur 500 Meter südlich von Saalburg direkt am Wasser. Einen schönen Kletterwald gibt es im Waldstück auf der anderen Straßenseite. Oberhalb der Saale gibt es einen Stellplatz mit fußläufiger Anbindung zur Altstadt mit Schillermuseum. Die Naturlagen bieten viele Fahrrad- und Wanderwege, um die Umgebung zu erkunden.

TIPP

Campingplatz Saalburg-Bad, Am Strandbad 1, 07929 Saalburg, GPS-Daten 50°29'43" N, 11°43'52" E
Stellplatz Freizeitbad Saalemaxx, Hugo-Trinckler-Str. 6, 07407 Rudolstadt, GPS-Daten 50°42'18" N, 11°19'0,7" E

Die Kernstadt von Rudolstadt
vom Turm aus gesehen.

(1) Das Saaletal bietet viel individuellen Freiraum.
(2) Alt trifft Moderne in Jena am Saaleufer.
(3) Die Leuchtenburg thront hoch über der Saale.

3 KAHLA Historie im mittleren Saaletal

Kahla war bis in die 1980er-Jahre der Stammsitz der »VEB Feinkeramik« mit 18 000 Mitarbeitern. Vom Stellplatz am Bootshaus ist es ein Katzensprung in die historische Altstadt, die unsere gesamte Aufmerksamkeit verdient. Umrahmt wird sie von einer fast vollständig erhaltenen Stadtmauer aus dem 12.–16. Jahrhundert. Dazu gehören Türme und das Stadttor sowie das Metznersche Haus mit seinem rosettenartigen Fachwerk. Vom zentralen Marktplatz hat man einen sehr schönen Blick in die Gassen und Hinterhöfe.

TIPP

Stellplatz am Bootshaus, Am Sportplatz 1, 07768 Orlamünde-Kahla, GPS-Daten 50°48'16,4" N, 11°35'36" E, www.thueringen.info

4 JENA AM WASSER ERLEBEN

Stadt von Optik und Licht

Wie in kaum einer anderen Stadt kann man in Jena mit dem Kajak, Schlauchboot oder Stand Up Paddle wunderbare Aussichten vom Wasser aus genießen. Die Wasserwege führen durch liebliche Talabschnitte, vorbei an schroffen Muschelkalkfelsen und malerischen Schlössern. Ein guter Ausgangspunkt ist der citynahe Campingplatz. Zu erwähnen ist noch das Angebot an außergewöhnlichen Stadtführungen.

TIPP

Campingplatz Unter dem Jenzig, Am Erlkönig 3, 07749 Jena, GPS-Daten 50°56'12" N, 11°36'26,3" E
Paddeltour unterhalb der eindrucksvollen Dornburger Schlösser von Jena bis Camburg. Für die 21 Kilometer lange Strecke benötigt man ungefähr sechs Stunden (Touristeninformation, Markt 16, 07749 Jena, www.visit-jena.de).

5 LEUCHTENBURG Weiter Blick übers Land

Einen herrlichen Rundblick auf das mittlere Saaletal und das Thüringer Holzland hat man aus 395 Metern Höhe von der Leuchtenburg, der ungekrönten »Königin des Saaletals«. Die sanierte mittelalterliche Burganlage beherbergt heutzutage die Ausstellung »Porzellanwelten«. Der moderne Anbau mit seinem ins Tal hinausragenden »Steg der Wünsche« ist ein echter architektonischer Kontrast. Beim Begutachten der Exponate großer Porzellankunst bleibt einem so auch immer die wunderschöne Landschaft im Blickfeld.

TIPP

Leuchtenburg, Dorfstr 100, 07768 Seitenroda, www.leuchtenburg.de, GPS-Daten 50°48'14" N, 11°36'44" E

3

Toller Blick auf die Brachwitzer Alpen vom gegenüberliegenden Höhenzug.

Die Fähre am Stellplatz in Brachwitz.

6 BRACHWITZER ALPEN

Mit dem Bus nach Halle

Am Ortsrand vom kleinen Ort Brachwitz an der Saale findet man in direkter Nachbarschaft zur Fähre und dem Rastplatz für Wasserwanderer ein lauschiges Plätzchen für ein paar abwechslungsreiche Tage. Es ist auf jeden Fall die bessere Alternative zum Stellplatzangebot in Halle. Ein Ausflug in die schöne Altstadt an der Saale lässt sich mit der Buslinie 302 direkt von hier realisieren. Wer mit Kindern unterwegs ist, sollte einen Tagesausflug planen. Von der Endstation in Halle-Trotha sind es nur drei Stationen mit der S-Bahn zum Haller Bergzoo. Er ist bekannt für seine Kinderprogramme und die Berglage im Grünen. Danach sind es wieder nur drei Stationen in die Altstadt.

Der Komponist Georg Friedrich Händel wurde 1685 hier im Haus Zum Gelben Hirschen geboren. Ein ganz tolles Angebot ist die kostenlose App »Audioguide Halle«, die den Wohnmobilisten auf 17 Stationen durch das historische Stadtbild führt. Man kann beliebig stoppen oder zwischendurch je nach Wunsch einkehren. Ganz einmalig ist der Blick hoch oben von den Hausmannstürmen. In 40 Metern Höhe hat man von der Brücke zwischen den zwei Türmen der Marktkirche die ultimative Aussicht über die Dächer der Altstadt! Die Touristeninformation ist direkt am Markplatz untergebracht.

Zurück in der ländlichen Umgebung kann der Städter so richtig durchatmen und entspannen. Die Wohnmobiltür öffnet sich mit Blick aufs Wasser, und mit dem ersten Kaffeebecher des Morgens in der Hand kann man vielleicht schon die Kanu-/Kajakwanderer beim Verstauen ihrer Ausrüstung beobachten. Das Tal der Saale mit seinen sanften Hügeln lädt natürlich zu Spaziergängen oder Fahrradtouren ein. Eine sehr schöne Tour mit dem Fahrrad ist der ausgeschilderte Weg durch die Felder nach Wettin. Die flache Strecke von acht Kilometern lässt sich auch ohne elektrische Unterstützung gut meistern. Hier findet man alle Geschäfte des täglichen Bedarfs und erkennt schon von Weitem die Burg Wettin, die auch ein Burgcafé beherbergt. Wer nach der Rückkehr keine Lust zum Kochen oder Grillen hat, der kann es sich in Brachwitz bei Francesco in der Pizzeria Ciccio gemütlich machen. Familiäre Atmosphäre und gute Preise locken auch Gäste von außerhalb an. Vom Stellplatz sind es gerade mal 300 Meter dorthin.

WUSSTEN SIE EIGENTLICH, DASS HALLE MIT DER HISTORISCHEN ALTSTADT DAS GRÖSSTE FLÄCHENARCHITEKTURDENKMAL EUROPAS BESITZT?

TIPP

Stellplatz Marina, Fährstraße, 06198 Wettin-Löbejün Ortsteil Brachwitz, GPS-Daten 51°32'2" N, 11°52'14" E
Pizzeria Ciccio, An der Eiche 3a, 06198 Brachwitz

Im Peenetal wachsen die
Bäume in das Wasser.

DIE PEENE

Von der Schweiz bis ans Stettiner Haff

In der nördlichen Mecklenburgischen Schweiz vor dem Malchiner See entspringt die Peene und geht dann gleich über in den Kummerower See. Viele werden vielleicht über die Autobahn A20 anreisen und diese bald verlassen, um die Einsamkeit und Weite dieser Landschaft wahrzunehmen.

Hier werden riesige Ackerflächen bewirtschaftet, wie man sie aus den alten Bundesländern nicht kennt. Man kreuzt die Deutsche Alleenstraße und folgt im weiteren Verlauf der Hanse-Route B 110. Offizielle Stellplätze sind Mangelware, aber so mancher Hinweis führt zu privaten Übernachtungsplätzen. Sanfter Tourismus steht im Naturpark Flusslandschaft Peenetal im Vordergrund. Der Fluss ist auch ein ideales Revier für viele Wassersportler, beispielsweise die Kanuten. Rastplätze für Wasserwanderer, Stadthäfen wie in Demmin und Anklam, Fahrten mit Ausflugsschiffen sowie Kanuverleiher bieten viele Möglichkeiten, die Flusslandschaft zu erkunden – etwa, um Biber zu beobachten. Wer in der Dämmerung mit dem Boot unterwegs ist, sieht mit etwas Glück die kräftigen Nager. Hinter der alten Hansestadt Anklam mündet die Peene gegenüber der Insel Usedom ins Stettiner Haff.

»TOP 3 STELLPLÄTZE DER REGION«

- Stellplatz Schloss Pentin,
  Zum Bollwerk 11,
  17506 Gützkow,
  GPS-Daten 53°55'6" N, 13°28'4" E

- Stellplatz Anklam,
  Entensteig 1,
  17389 Anklam,
  GPS-Daten 53°51'21" N, 13°40'44,3" E

- Naturcampingplatz Lassan,
  Garthof 5–6,
  17440 Lassan,
  GPS-Daten 53°56'48.7" N, 13°51'26.2" E,
  www.campingplatz-lassan.de

1 AM KUMMEROWER SEE

Entspannung in der Mecklenburgischen Schweiz

Der Kummerower See ist mit einer Länge von elf Kilometern und drei Kilometern Breite der viertgrößte See in Mecklenburg-Vorpommern. Ein Naturparadies erster Klasse für alle, die keinen Wert auf Freizeitpark, Kino oder Shopping-Center in nächster Nähe legen. Wir steuern unser Ziel, den Wohnmobilstellplatz Sommersdorf, aus nördlicher Richtung über die B194 von Demmin kommend an. Ab Borrentin folgen wir der Beschilderung und stehen wenige Minuten später bei herrlicher Sonne direkt am See. 28 Stellplätze eingebettet in Hecken und Bepflanzungen schaffen auf der befestigten Wiese eine sehr schöne Atmosphäre für jedes Wohnmobil. Kurz dahinter liegt der Campingpark für alle, die spontan verlängern möchten, wobei auch der Stellplatz alles dafür bietet. Die große Liegewiese lädt zum »Chillen« ein!

TIPP

28 Stellplätze ab 8 € inkl. zwei Personen und Hund, Sanitärnutzung 2 €, Strom 3 €, Touristen-Angelscheine erhältlich, ganzjährig geöffnet. Wohnmobilpark & Camping Sommersdorf, Am Hafen 2, 17111 Sommersdorf, GPS-Daten 53°47'53.45" N, 12°52'34.11" E

Stellplatz am
Kummerower See.

Einfahrt zum Wohnmobilstellplatz am Rittergut Gützkow.

2 GÜTZKOW

Stellplatz Schloss Pentin

Im Jahr 1353 ließen die Grafen von Gützkow Schloss Pentin erbauen. Heute können kurz nach der Ortschaft Jarmen die Wohnmobilisten eine ruhige Nacht verbringen. Die Landschaft ist prädestiniert für ausgedehnte Fahrradtouren. Trotz dieser Einöde erhält man in Gützkow Lebensmittel für den täglichen Bedarf. Ein wunderbarer Fahrradausflug ist die Tour zum Besucherzentrum beim Fährhaus Stolpe. Durch die Felder gelangt man südostlich an Pätschow vorbei zum Anleger der Personenfähre, um die Peene zu überqueren!

TIPP

Stellplatz Schloss Pentin, Zum Bollwerk 11, 17506 Gützkow, GPS-Daten 53°55'6" N, 13°28'4" E
Naturpark Peenetal Besucherzentrum und Fährhaus, Peeneblick 1, 17391 Stolpe

3 HANSESTADT ANKLAM

Der berühmte Sohn

Der Stellplatz ist leider nicht mehr offiziell geführt, eine Übernachtung wird aber geduldet. Die Hansestadt ist stolz auf ihren berühmten Sohn Otto Lilienthal. Die Ausstellung in der Anklamer Nikolaikirche zeigt die verschiedenen Fluggeräte im Maßstab 1:1 im Licht der Kirchenfenster, ein tolles Schauspiel. Am nahen Marktplatz befindet sich im Rathaus die Touristeninformation. Hier erhalten Sie kostenlos die Broschüre »Route Grün« mit Tipps zur Einkehr in historischen Gasthäusern.

TIPP

Parkplatz an der Peene-Tor-Brücke, Werftstraße, 17389 Anklam, GPS-Daten 53°55'6" N, 13°28'4" E
Der offizielle Stellplatz westlich der Altstadt ist der Stellplatz Anklam. Entensteig 1, 17389 Anklam, GPS-Daten 53°51'21" N, 13°40'44,3" E

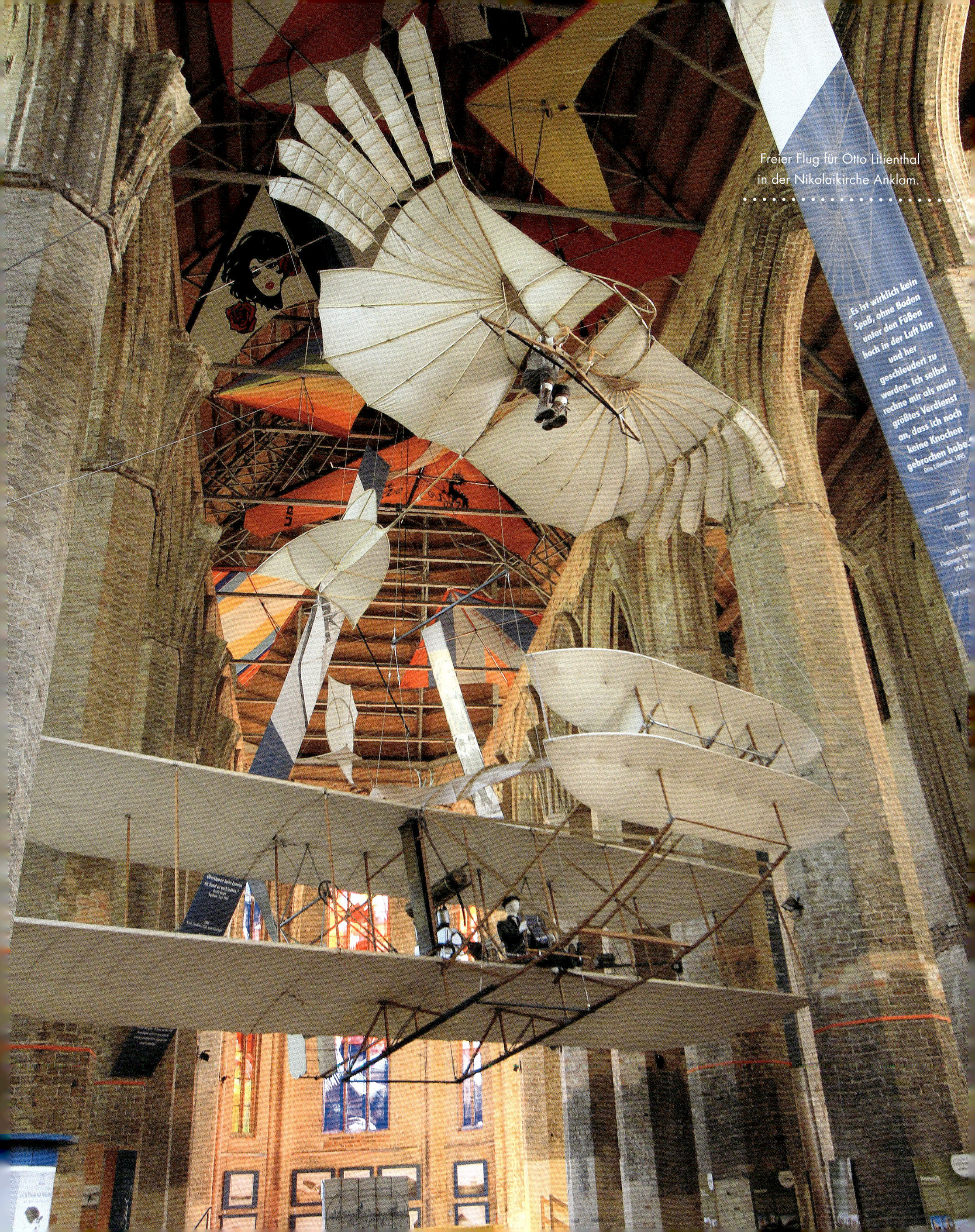

Freier Flug für Otto Lilienthal in der Nikolaikirche Anklam.

Stellplatzfreiheit am
Naturcamping Lassan

Strandblick am
Stellplatz Mönkebude.

4 PEENE-STROM ODER STETTINER HAFF

Ein krönender Abschluss

So nah vor der Sonneninsel Usedom hat man kurz hinter Anklam die Auswahl für einen krönenden Abschluss der Peene-Tour zwischen dem Naturcamping Lassan am Peenestrom oder auf dem Stellplatz Mönkebude am Stettiner Haff zu treffen. Genau hier, mit diesem tollen Blick auf Usedom, mündet die Peene in die Ostsee.

Lassan ist eine der kleinsten Städte Deutschlands. Die ursprünglich slawische Fischersiedlung mit einer Burg war Mittelpunkt der Landschaft Lesane. Der Ort wurde 1136 erstmals urkundlich erwähnt. Die Innenstadt mit Kirche, Stadtmauer und Rathaus wurde im Rahmen der Städtebauförderung seit 1991 nach und nach grundlegend saniert. 1996 entstand der Wasserwanderrastplatz. Danach wurde der kleine Hafenplatz ausgebaut. Lassan ist der östlichste Endpunkt der Ferienstraße Vorpommersche Dorfstraße.

Wie so oft, ist auch dieser Stellplatz ein ehemaliges NVA-Gelände, auf dem nicht alles perfekt ist. Dafür sind die Betreiber doppelt bemüht, wenn es darum geht, die Wünsche ihrer Gäste zu erfüllen. Hier gibt es keine Platzvorgabe. Im oberen Teil können auch große Wohnmobile stehen, in den unteren Wiesen, die bis ans Ufer reichen, stehen besonders kompakte Mobile gut. Boote ausleihen, abends am Lagerfeuer sitzen und sich von Chef Jürgen persönlich bekochen lassen, herrlich!

Am Stettiner Haff, auf dem Weg zur polnischen Grenze, liegt kurz vor Ueckermünde der schöne Wohnmobilplatz am Jachthafen. Im Örtchen Mönkebude ticken die Uhren ein wenig langsamer. Am Abend kann man wunderbar den Blick auf das Haff genießen und den Wasservögeln bei ihren Liedern lauschen.

Einkaufen, essen gehen, am Strand liegen und baden, alles ist hier möglich. Für Kinder gibt es einen Abenteuerspielplatz und viel Freiraum für eigene Aktivitäten. Das ehemalige Fischerdorf hat sich viel von seinem alten Charme und der Besinnlichkeit vergangener Tage bewahrt, sodass man sich richtig entspannen kann. Keine Durchgangsstraße stört die Ruhe, und mit Hund oder Fahrrad ist man nach wenigen Metern am nordwestlichen Uferweg ganz für sich alleine. Wer keine Lust hat, selbst zu kochen, findet bei einem Rundgang durch den Ort verschiedene Möglichkeiten, vom einfachen Imbiss bis zum Restaurant. Besonders Fisch gibt es in allen Variationen und zu einem guten Preis-Leistungs-Verhältnis.

IM ÖRTCHEN MÖNKEBUDE
TICKEN DIE UHREN EIN WENIG LANGSAMER.
AM ABEND KANN MAN WUNDERBAR
DEN BLICK AUF DAS HAFF GENIEßEN
UND DEN WASSERVÖGELN
BEI IHREN LIEDERN LAUSCHEN.

TIPP

Naturcampingplatz Lassan, Garthof 5–6, 17440 Lassan, GPS-Daten 53°56'48.7" N, 13°51'26.2" E

Stellplatz Hafenblick, Am Hafen 20, 17375 Mönkebude, GPS-Daten 53°46'19" N, 13°58'7" E

Das wunderschön gelegene Saalfeld.

DIE SCHWARZA

Goldreichster Fluss Deutschlands

Wildromantisch entspringt der Fluss, ein linker Zufluss der Saale, wenige Kilometer von der Glasbläserstadt Lauscha am Rennsteig im thüringischen Schiefergebirge. Größtenteils naturbelassen windet sich die Schwarza durch enge Schluchten und weite Täler.

Im 16. Jahrhundert sollen aus ihr neben Eisen, Kupfer und Silber bis zu vier Tonnen Gold gewonnen worden sein. Heute ist das Schwarzatal eines der ältesten Naturschutzgebiete Thüringens und Lebensraum zahlreicher Tiere und Pflanzen, es beheimatet unter anderem eine große Vielfalt an Schmetterlingsarten und wilden Orchideen. Die knapp 55 Kilometer kurze Schwarza bietet Naturidyllen in Hülle und Fülle, zudem kommt man immer wieder an Ausflugsgaststätten vorbei. Wissenswertes vermittelt der Naturlehrpfad, benannt nach Heinrich Cotta, einem bedeutenden Forstwissenschaftler des frühen 19. Jahrhunderts. Entlang des Olitätenwanderwegs kann man verschiedene Heilkräuter entdecken. Wer die Schwarza zu Fuß oder mit dem Rad erkunden möchte, sollte ein bisschen Kondition mitbringen, es ist hügelig.

»TOP 3 STELLPLÄTZE DER REGION«

- Stellplatz Caravanpark Schwarzatal,
  Dittersdorfer Weg 236 a,
  07422 Bad Blankenburg,
  GPS-Daten 53°56'48.7" N, 13°51'26.2" E,
  www.caravanpark-schwarzatal.de

- Wohnmobilstellplatz an den Feengrotten,
  Feengrottenweg 2,
  07318 Saalfeld,
  GPS-Daten 50°38'7" N, 11°20'27" E

- Stellplatz Porzellanmanufaktur,
  Hauptstr. 26,
  07429 Sitzendorf,
  GPS-Daten 50°37'53,8" N, 11°10'8,6" E

Schwarzburg liegt im Thüringer Wald, im Herzen des Schwarzatals.

1 SCHWARZATALBAHN

Mit 25 % Steigung 323 Höhenmeter erklimmen

Am Haltepunkt Obstfelderschmiede ist in einem historischen Fachwerkbau die Talstation der Oberweißbacher Bergbahn untergebracht. Hier wird der Zugwaggon der Schwarzatalbahn mittels einer Drehscheibe ausgetauscht, und die Seilbahn, die den Besucher auf 1,35 Kilometern durch romantische Schluchten und wunderschöne Aussichten auf den Thüringer Wald nach oben bringt, kommt zum Einsatz. Oben auf der Bergstation in Lichtenhain angekommen, befindet sich der Fröbelwald, ein Waldlehrpfad nach Friedrich Fröbel.

TIPP

Fahrrad mit hinaufnehmen und auf der Downhill-Strecke neben den Gleisen ins Tal hinuntersausen.
Parkplatz an der Talstation, L1112 August-Bebel-Straße, Obstfelderschmiede, GPS-Daten 53°46'19" N, 13°58'7" E

2 SCHWARZBURG

Die Wiege der Demokratie

Die Sommerfrische im Thüringer Wald hat schon Goethe fasziniert, den belgischen Designer Henry van der Velde inspiriert und dem Reichspräsidenten Friedrich Ebert zu seinen demokratischen Gedanken verholfen. Sie waren alle Gast auf Schloss Schwarzburg. Im August 1919 wurde hier die Weimarer Verfassung unterschrieben. Das durch die Nationalsozialisten fast komplett zerstörte Schloss ist nahezu wiederhergestellt. Im sanierten Zeughaus befindet sich mit ca. 4000 Exponaten Europas größte Rüstungs- und Waffensammlung.

TIPP

Ein Wanderausflug hoch zu Ross: Reiterhof Fasanerie – Fasanerie 1, 07427 Schwarzburg, www.reittouristik-schwarzburg.de

3 BAD BLANKENBURG

Lavendelduft liegt in der Luft

Vor über 200 Jahren wurde um Bad Blankenburg Lavendel angebaut. Heute erfreuen die kräftig duftenden Sträucher Nase und Auge der Besucher in den Sommermonaten von Juni bis August nur noch aus den städtischen Grünanlagen und dem Kurgarten. Mit einem großen Lavendelfest werden sie dann gefeiert. Das Wahrzeichen der Stadt ist die Burg Greifenstein, eine der größten deutschen Feudalburgen. Der Burg zu Füßen liegt die Erlebnisbrauerei Watzdorf an der Bier- und Burgenstraße, wo seit 1411 Bier gebraut wird.

TIPP

Stellplatz Caravanpark Schwarzatal, Dittersdorfer Weg 236 a, 07422 Bad Blankenburg, GPS-Daten 53°56'48.7" N, 13°51'26.2" E
Brauereiführung mit Verkostung in der Watzdorfer Traditions- und Spezialitäten GmbH, Watzdorf Nr. 14, 07422 Bad Blankenburg, www.watzdorfer.de

An der Oberweißbacher Bergbahn ist eine ruhige Nacht garantiert.

Burg Greifenstein findet man in Bad Blankenburg.

Zauber der Feengrotten.

4 SAALFELDER FEENGROTTEN

»Glück auf« für die ganze Familie

Ein abwechslungsreicher und spannender Ausflug in das Reich der Feen und Bergleute ist ein Muss für alle, die keine Platzangst haben. In den unterirdischen Höhlen im ehemaligen Alaunschieferbergwerk entstand im Laufe der Jahrhunderte eine faszinierende und farbenreiche Tropfsteinwelt. Im Grottoneum erfahren die Besucher alles über die Geschichte vom Bergbau bis zum heutigen Erlebnisspektakel. Der Abenteuerwald Feenweltchen verführt Erwachsene und Kinder in die magische Welt der Elfen, Feen und Trolle.

TIPP

Wohnmobilstellplatz an den Feengrotten, Feengrottenweg 2, 07318 Saalfeld, GPS-Daten 50°38'7" N, 11°20'27" E

5 SITZENDORF

Alles andere als »Sitzen«

Hier bekommen Sie dann Ihren »Goldrausch«. Am Waschplatz kann man nach Ende der Schonzeit für Fische im Mai mit fachkundiger Unterstützung Gold aus der Schwarza waschen (www.goldsuche-thueringen.de). Während die einen mit dem Sieb Gold »fischen«, halten andere vielleicht die Angel ins Wasser. Für wasserscheue Urlauber sind Kräuterwanderungen mit einem leckeren Picknick sowie eine Wanderung zum zweitältesten erhaltenen Bismarckturm im Angebot. In Sitzendorf bleibt keiner lange sitzen.

TIPP

Verschaffen Sie sich bei einem Rundgang in der Sitzendorfer Porzellanmanufaktur & Schatztruhe Einblick in die Herstellung des »Weißen Goldes«.
Stellplatz Porzellanmanufaktur, Hauptstr. 26, 07429 Sitzendorf, GPS-Daten 50°37'53,8" N, 11°10'8,6" E

Mitten im
Naturschutzgebiet
Schwarzatal.

Spreeblick an der
Marina Beeskow.

SPREE UND SPREEWALD

Mehr als nur Gurken

Das von der UNESCO anerkannte Biosphärenreservat Spreewald befindet sich in unserem wunderbar grünen Bundesland Brandenburg, nur etwa 100 Kilometer von Berlin entfernt. Der Spreewald, Traumziel vieler Wohnmobilisten, ist ein zauberhafter Ort, der wirkt, als wäre er einem Märchen entsprungen.

Allen, die schon mal vorhatten, hier Urlaub zu machen, und es dann aus welchen Gründen auch immer verschoben haben, sei gesagt: »Machen Sie es endlich!« Die Spree, ein 400 Kilometer langer Nebenfluss der Havel, und ihre kleinen Seitenarme durchfließen landschaftliche Idyllen und beschauliche Dörfer. Im Lausitzer Bergland, unweit der tschechischen Grenze, entsteht der Fluss aus drei Quellen. Zunächst passiert man in der Oberlausitz das ostsächsische Bautzen, dann geht es nach Spremberg in Brandenburg, bis man im weiteren Verlauf in der Niederlausitz schließlich das schöne Cottbus, die zweitgrößte Stadt Brandenburgs nach Potsdam, erreicht. Von da biegt man nordwestlich in den Oberen Spreewald ein und orientiert sich Richtung Berlin, wo die Spree in Spandau in die Havel mündet.

»TOP 3 STELLPLÄTZE DER REGION«

- Stellplatz Bootshaus ESV Cottbus,
  Ludwig-Leichhardt-Allee,
  03050 Cottbus,
  GPS-Daten 51°45'13,8" N, 14°20'34,7" E
- Erlebniscamping an den Spreewaldfließen,
  Vetschauer Str. 1a,
  03096 Burg Spreewald,
  GPS-Daten 51°49'34" N, 14°8'15,3" E
- Campingplatz Schlosspark Lübbenau,
  Schlossbezirk 20,
  03222 Lübbenau,
  GPS-Daten 51°53'38" N, 13°58'39,3" E,
  www.spreewaldcamping-schloss.de

Fürst-Pückler-Pyramide im Branitzer Park in Cottbus.

1 COTTBUS

Idylle am Bootshaus

Wer aus Süden über die B97 anfährt, wird vielleicht schon von den aufwendig sanierten Altstädten von Bautzen und Spremberg angetan gewesen sein. Auch Cottbus glänzt mit einem schönen Marktplatz und durchgehend renovierten Gründerzeithäusern. Im Branitzer Park kann man die eigenwillige Pyramidengrabstätte des Fürsten von Pückler bewundern. Der eigentliche Höhepunkt ist aber die komfortable und ausgefallene Übernachtungsmöglichkeit am Cottbuser Ruder- und Kanu-Verein in Fußnähe zur Altstadt.

TIPP

Stellplatz Bootshaus ESV Cottbus, Zufahrt erfolgt über Hainstraße und Lindenplatz durch den Park am Planetarium vorbei. Die Einfahrt ist links vor der Spreebrücke. Ludwig-Leichhardt-Allee, 03050 Cottbus, GPS-Daten 51°45'13,8" N, 14°20'34,7" E

2 BURG UND DIE STÖRCHE

Erlebniscamping an den Spreewaldfließen

Wer möchte nicht mal seinen Stellplatz mit Störchen als Nachbarn teilen? Dieses Erlebnis ist einem auf dem wunderschönen Campingplatz in Burg vergönnt. Am Abend beobachtet man mit den Kindern noch die Nutrias (große Biberratten), die sich direkt am Campingsee niedergelassen haben. Mit dem Fahrrad kann man den Biergarten an der Spreeanlegestelle aufsuchen, hier werden leckere frische Forellen serviert. Auch in Burg gibt es einen schönen Hafen, wo mehrstündige Kahntouren mit Picknick angeboten werden.

TIPP

Erlebniscamping an den Spreewaldfließen. Der Platz ist in verschiedene Bereiche großzügig eingeteilt, und es gibt vom Brötchenservice über die Feuerstelle bis zur Gastronomie wirklich alles. Sehr kinderfreundlich! Vetschauer Str. 1a, 03096 Burg Spreewald, GPS-Daten 51°49'34" N, 14°8'15,3" E

Der Storch vom Campingplatz leistet Gesellschaft.

Vom Stellplatz direkt ins Spreeabenteuer.

Die gedrungene Bauweise der slawischen Forts, hier die Burg Raddusch, diente dem Schutz der in der Umgebung lebenden Menschen.

4 DIE SPREEWALDKANÄLE

Schlosspark Lübbenau

Lübbenau ist ein guter Ausgangspunkt für Touren auf den kleinen Kanälen, dort bieten Bootsverleiher ihre Kähne an. Es gibt lauschige Biergärten, am Markt kann man Spreewaldgurken und selbst gebrannten Schnaps aus der Region erstehen. Zu empfehlen ist die Tagestour zum legendären Gasthaus Wodschofska. Vor Ort gibt es deftige Speisen zu zivilen Preisen, für Kinder einen Spielplatz sowie einen Rundgang über die Kanalbrücken. Am meisten beeindruckt ist man von der teilweise absoluten Stille und der Nähe zur Natur.

TIPP

Campingplatz Schlosspark Lübbenau, Schlossbezirk 20, 03222 Lübbenau, GPS-Daten 51°53′38″ N, 13°58′39,3″ E

3 VETSCHAU

Slawische Fliehburgen

Ein interessantes Ausflugsziel könnte die originalgetreue Nachbildung der Slawenburg Raddusch aus dem Jahr 880 sein. Sie war eine der 40 Burgen in der Niederlausitz, in die sich die umliegende Bevölkerung flüchtete, wenn ein Unheil oder Angriff bevorstand. Die Burgen wurden als stabile Wallburgen gestaltet und waren von einem zehn Meter breiten Wassergraben umgeben. Im Inneren fand dann ein weitgehend normales Alltagsleben statt. Da diese Burg hier keine Ruine ist, kann man sich alles sehr real vorstellen.

TIPP

Slawenburg Raddusch, Zur Slawenburg 1, 03226 Vetschau, www.slawenburg-raddusch.de

5 KULISSE SPREEWALD

Spannende Geschichten

Mächtig stolz sind die Einwohner auf den Erfolg der bereits seit 2006 gedrehten Krimis in ihrem Spreewald, die im ZDF ausgestrahlt werden. Die Spreewaldkrimis um Kommissar Krüger, gespielt von Christian Redl, nutzen die mystische Landschaft, den Irrgarten aus Kanälen und den dichten Wald, am besten noch in Nebelschwaden gehüllt, als wundervolle Szenerie für die morbide Stimmung. Vielleicht wird während des Aufenthaltes sogar einer gedreht? Auf eigene Faust, am besten mit Kanu, erkunden!

TIPP

Drehorte und alle Infos erhält man unter www.spreewald info.de

So schön kann das Leben am Kanal mitten im Spreewald sein.

Grün, soweit das Auge reicht: mit dem Kanu unterwegs auf der Spree.

Klein aber fein – der Stell- und Wasserwanderrastplatz Krausnick.

6 KRAUSNICK Wasserwander-Rastplatz

Aus Richtung Berlin kommend, kurz hinter dem Neuendorfer See, geht es im kleinen Ort Krausnick-Groß Wasserburg an der Brücke links auf den Wasserwander-Rastplatz. In dieser ungetrübten Natur dürfen auch Wohnmobile vor Anker gehen. Das Wasser rauscht vom benachbarten Wehr, und ein Weg entlang am Spreerandkanal führt einen direkt an den Köthener See. Fernab von Feinstaubbelastungen und Umweltlärm verbringt man die Nacht in einem der Paradiese des wilden Ostens. So stellt man sich das vor!

TIPP

Stellplatz Wasserwander-Rastplatz, Dorfstr. 7, 15910 Krausnick-Groß Wasserburg, GPS-Daten 52°3'42" N, 13°51'5,6" E, www.groß-wasserburg.de

7 BEESKOW Letzter Stopp vor Berlin

Richtung Berlin nimmt die Spree in der Brandenburger Mark noch den Weg durch den Schwielochsee und von dort nach Beeskow. Eine gute Gelegenheit, in schöner Natur direkt an der Marina vor Anker zu gehen. Vom Hafen aus geht es am Fluss entlang in die kleine Altstadt oder in die andere Richtung zum Café Wasserwelt und zum Wehr. Der Stellplatz hat großzügige Plätze, und der Einsatz von Campingausrüstung und Grill ist erlaubt. So steht einem entspannten Abend nichts im Weg.

TIPP

Wohnmobilstellplatz Marina, Spreeinsel 5, 15848 Beeskow, GPS-Daten 52°10'23" N, 14°15'17" E

Am Marktplatz in Beeskow.

Mit ihrem sanften Flusslauf eignet sich die Havel gut zum Stand-up-Paddeln.

DIE HAVEL

»Durch die Havelberge auf und dann …«

… lautete bereits die Textzeile eines Popsongs aus den 1980er-Jahren. So kann man auch die abwechslungsreiche Tour entlang des 330 Kilometer langen Flusses starten. Nicht umsonst wurde die Havel 2004 von Naturfreunden Deutschlands zur Flusslandschaft des Jahres gekürt.

Die Havel fließt durch vier Bundesländer: Sachsen-Anhalt, Brandenburg, Berlin und Mecklenburg-Vorpommern. In ihrem Verlauf kreuzt die Havel unter anderem den Plauer See, den Schwielowsee, den Templiner See, den Großen Wannsee und Teile der Mecklenburgischen Seenplatte, was die Route und Auswahl der Übernachtungsmöglichkeiten noch attraktiver gestaltet. Zu den Städtehighlights zählen Brandenburg, Potsdam, Berlin und Oranienburg. Wir konzentrieren uns auf das eigentliche Havelland zwischen Havelberg und Oranienburg und werden nur den westlichen Teil Berlins streifen, da dies sonst den Rahmen sprengen würde. Allein das Einzugsgebiet von Potsdam mit seinen ganzen Seen, den liebenswerten Ecken mit viel unberührter Natur und dem geheimnisvollen Ambiente des ehemaligen Ostens würde ohne Probleme einen 14-tägigen Urlaub füllen.

»TOP 3 STELLPLÄTZE DER REGION«

- Stellplatz am Stadtkanal,
  Baustraße,
  14712 Rathenow,
  GPS-Daten 52°36'27" N, 12°20'11" E
- Stellplatz an der Stadtmarina,
  Am Hafen 7,
  14770 Brandenburg,
  GPS-Daten 52°25'28" N, 12°33'13,3" E,
  www.stadtmarina-brandenburg.de
- Stellplatz am Schlosshafen,
  Rungestr. 47,
  16515 Oranienburg,
  GPS-Daten 52°45'30" N, 13°14'18" E

Traditionelle Osterbäume im Havelland.

2 RATHENOW Hier lässt sich weit blicken

Rathenow liegt unmittelbar am Naturschutzgebiet Untere Havel Süd. Seit 2013 trägt es die offizielle Zusatzbezeichnung »Stadt der Optik«. Sehenswert sind das Optikindustriemuseum und der Optikpark mit dem weltweit einzigen Brachymedial-Fernrohr. Das Rolfsche Fernrohr wurde vom Ingenieur Edwin Rolf in den Jahren 1949–53 entwickelt und gebaut. Heute werden z.B. noch Mikroskope durch die Fa. Askania gebaut. Städtebaulich hat sich durch die Landesgarten- und Bundesgartenschaubeteiligung in den letzten Jahren sehr viel getan.

TIPP

Gut gelegen ist der kostenlose Stellplatz für acht Wohnmobile am Stadtkanal. Von hier kann man zur einen Seite die Altstadt und zur anderen den ansprechend gestalteten Optikpark erobern. Baustraße, 14712 Rathenow, GPS-Daten 52°36'27" N, 12°20'11" E

1 HAVELBERG Spuren des altmärkischen Hansebundes

Direkt an der Uferstraße mit Blick zum Jachthafen darf man auf einer großzügigen Parkfläche (Stellplatz Bahnhofstraße) kostenfrei mit dem Wohnmobil übernachten. Links vom Stellplatz auf der Spülinsel gibt es aber auch einen Campingplatz (www.campinginsel-havelberg.de), den man ansteuern kann. Zur anderen Seite geht es oberhalb in die wunderschön restaurierte Altstadt, die von 1358 bis 1559 zum altmärkischen Hansebund gehörte. Die Gemütlichkeit des Ortes überträgt sich schnell auf seine Besucher, und man genießt die Langsamkeit des Augenblicks!

TIPP

Mehrmals in der Woche starten hier Schiffs-Kaffeefahrten über die Havel durch das Naturschutzgebiet.
Stellplatz Bahnhofstraße, Bahnhofstraße, 39539 Havelberg, GPS-Daten 52°49'50" N, 12°4'1" E, www.havelberg.de

3 BRANDENBURG Erlebnis Backsteingotik

Mit 72000 Einwohnern ist Brandenburg nach Potsdam und Cottbus die drittgrößte Stadt des gleichnamigen Bundeslandes. Die Prunkbauten der gotischen Gebäude sind das Rathaus aus dem 15. Jahrhundert sowie der Brandenburger Dom mit der barocken Orgel und den bemalten Gewölbedecken. Vom schön angelegten und gut ausgestatteten Stellplatz an der Stadtmarina kann man entlang des Kleinen Beetzsees bequem zu Fuß bis in die Altstadt und zur Dominsel mit dem weithin sichtbaren Dom gehen.

TIPP

Während der Woche findet an der Katharinenkirche ein Markt mit Produkten aus der Region statt.
Stellplatz an der Stadtmarina für 25 Wohnmobile, Am Hafen 7, 14770 Brandenburg, GPS-Daten 52°25'28" N, 12°33'13,3" E

Am alten Hafen
von Rathenow.

Erste Wahl – Stellplatz
Marina in Brandenburg.

Schloss Oranienburg
mit Puderzucker bestreut.

4 POTSDAM Das Versailles des Ostens

Bis heute ist der Wiederaufbau der vielen Baudenkmäler noch nicht beendet. Die ehemalige Residenzstadt der Könige von Preußen wurde, ob der Vielzahl an Schlössern sowie Stadtteilen wie dem Holländerviertel in die UNESCO-Welterbeliste aufgenommen. Günstiger als die Campingplätze in Seelage sind die Stellplätze, die oft nicht sehr einladend wirken, aber zweckmäßig sind. Vom Campingpark Sanssouci führt eine Radtour zum kleinen Ort Caputh, wo man das Wohnhaus Albert Einsteins besuchen kann.

TIPP

Stellplatz Bornstedt am Krongut, mit dem Fahrrad in zehn Minuten zum Schloss Sanssouci. 10€, Potsdamer Str. 196, 14469 Potsdam, GPS-Daten 52°24'48" N, 13°1'42,5" E
Campingpark Sanssouci, die Luxusvariante mitten im Grünen mit Rundumprogramm. 40€, An der Pirschheide 41, 14471 Potsdam, GPS-Daten 52°21'43" N, 13°0'29" E

5 ORANIENBURG Vor Anker am Schlosshafen

Oranienburg liegt im Ruppiner Land an der Oberhavel. Ihren Namen erhielt die Stadt nach dem Schloss, das im 17. Jahrhundert im holländischen Baustil errichtet und Oranienburg genannt wurde. Sehr schön ist ein Spaziergang entlang der Havelpromenade. Nicht weit von der Stadt befindet sich die Lehnitzschleuse am Oder-Havel-Kanal, im Norden der Stadt befinden sich Gedenkstätte und Museum des KZ Sachsenhausen. In 30 Minuten kommt man mit der direkten Zugverbindung in die Berliner City.

TIPP

Stellplatz am Schlosshafen, sehr schön direkt an der Oranienburger Havel Marina und in Fußnähe zur Altstadt. Rungestr. 47, 16515 Oranienburg, GPS-Daten 52°45'30" N, 13°14'18" E

Bootsanleger am
Camping Sanssouci.

WOHNMOBILSTELL- UND CAMPINGPLÄTZE

Elbe

Stellplatz an der Nordmole, Am Hafen 53, 25438 Glückstadt,
GPS 53°47'7" N, 9°24'33" E, www.glueckstadt-tourismus.de
Stellplatz am Schiffertor, Schiffertorstr. 21, 21682 Stade,
GPS 53°36'10" N, 9°27'56,6" E, www.stade-tourismus.de
Stellplatz Marina, Hafenstr. 14 B, 21481 Lauenburg,
GPS 53°22'19" N, 10°33'57" E, www.yachthafen-lauenburg.de
Stellplatz am Sportboothafen, Ringstr. 7–9, 29475 Gorleben
GPS 53°02'59" N, 11°21'04" E, www.gorleben.de
Stellplatz am Tangerufer, Klosterberg, 39590 Tangermünde,
GPS 52°32'17" N, 11°58'77" E, www.tourismus-tangermuende.de
Stellplatz am Anleger, Petriförder 1, 39104 Magdeburg,
GPS 52°8'2,5" N, 11°38'59" E, www.weisseflotte-magdeburg.de
Caravaning Park Schaffer Mobil, Kötschenbroder Str. 125, 01139 Dresden,
GPS 51°5'7" N, 13°14'53" E, www.schaffer-mobil.de

Eider

Stellplatz Eiderblick, Am Freizeitpark 1a, 25832 Tönning,
GPS 54°18'32" N, 8°56'14,5" E, www.reisemobil-toenning.de
Stellplatz am Halbmond, Halbmond 1, 25840 Friedrichstadt,
GPS 54°22'19" N, 9°5'12,4" E, www.wohnmobilstellplatz-friedrichstadt.de
Stellplatz am Bootsanleger, Fischerstr. 15, 25794 Pahlen,
GPS 54°16'16,6" N, 9°18'2,8" E, www.amt-eider.de
Stellplatz am Kreishafen, Am Kreishafen 30–32, 24768 Rendsburg,
GPS 54°17'39" N, 9°40'54" E, www.wohnmobilhafen-nok.de

Fulda und Werra

Stellplatz Fuldaaue, Giesenallee 7, 34121 Kassel,
GPS 51°17'29" N, 9°29'11,4" E, www.kassel-marketing.de
Stellplatz Fulda, Weimarer Str. 21–23, 36037 Fulda,
GPS 50°33'23" N, 9°40'0,4" E, www.tourismus-fulda.de
Stellplatz Tanzwerder, Tanzwerder 12, 34346 Hann. Münden
GPS 51°25'10" N, 9°38'54" E, www.hann.muenden-erlebnisregion.de
Stellplatz am Festplatz, Unter den Linden 1, 99830 Treffurt,
GPS 51°08'1" N, 10°14'12" E, www.treffurt.de
Stellplatz Werra Camping, Am Steinberg, 36266 Heringen,
GPS 50°53'0" N, 10°1'18,3" E
Sole-Reisemobilhafen, Fößrasen 5, 36433 Bad Salzungen,
GPS 50°48'55" N, 10°14'15" E, www.sole-reisemobilhafen.de

Weser

Stellplatz Zum Anker, Weserstr. 14, 37194 Wahlsburg-Lippoldsberg,
GPS 51°37'28" N, 9°33'08" E, www.landhotel-zum-anker.de
Stellplatz Floßplatz, Im Brückfeld, 37671 Höxter,
GPS 51°46'27" N, 9°23'19" E, www.wesercamping-hoexter.de
Stellplatz am Campingplatz, Uferstr. 80, 31787 Hameln,
GPS 51°6'36" N, 9°20'50" E, www.campingplatz-hameln.de
Stellplatz am Schloss, Braunschweiger Str. 1, 27321 Thedinghausen,
GPS 52°57'41" N, 9°1'55" E, www.schloss-erbhof.de
Stellplatz Am Kuhhirten, Kuhhirtenweg, 28201 Bremen,
GPS 53°3'55" N, 8°49'7,5" E, www.stellplatz-bremen.de

Aller

Stellplatz Am Brunnentheater, Brunnenweg, 38350 Helmstedt,
GPS 54°14'12" N, 11°3'45" E, www.stadt-helmstedt.de
Camping am Allersee, In den Allerwiesen 5, 38446 Wolfsburg,
GPS 52°25'55" N, 10°48'55,4" E, www.allerseecamping.de
Stellplatz am Sportplatz, Am Klosterpark, 29342 Wienhausen,
GPS 52°34'48" N, 10°10'50" E, keine Homepage
Stellplatz am Badeland, 77er Straße 36, 29221 Celle,
GPS 52°37'2,5" N, 10°4'59" E, www.womo.celle.de
Stellplatz Verden, Conrad-Wode-Straße, 27283 Verden,
GPS 52°55'32,5" N, 9°13'40" E, www.verden.de

Ruhr

Wohnmobilstellplatz am Solepark, Am Solepark 15, 59759 Arnsberg,
GPS 51°25'50" N, 8°0'16,5" E, keine Homepage
Marine Jugend Lütgendortmund, Herdecker Straße, 58313 Herdecke,
GPS 51°23'34,1" N, 7°26'11,4" E, nur Facebook, Platzwart vor Ort: 10–17 Uhr
Camping Blue Beach, Luhnsmühle 2, 58455 Witten,
GPS 51°26'14" N, 7°17'21" E, www.bluebeach.de
Stellplatz Ruhrtal, Ruhrdeich 24, 45525 Hattingen,
GPS 51°24'30" N, 7°10'51" E, www.wohnmobilstellplatz-ruhrtal.de
Stellplatz am Ruhrorter Yachtclub, Am Eisenbahnbassin 42, 47119 Duisburg,
GPS 51°27'30,5" N, 6°43'45,5" E, www.ruhrorter-yachtclub.de

Ems

Camp Marina Fuestrup, Fuestruper Str. 37, 48268 Greven,
GPS 52°04'44" N, 7°41'07,5" E, www.yachthafen-fuestrup
Stellplatz am Landgasthof Elberger Schlipser, Eilbergen 1, 48488 Emsbüren,
GPS 52°28'8" N, 7°18'4,4" E, keine Homepage
Stellplatz an der Ems, Schleusenstr. 7, 49733 Haren,
GPS 52°47'22" N, 7°14'50" E, www.haren.de
Stellplatz Lathener Marsch, Marschstr. 4, 49762 Lathen,
GPS 52°51'31" N, 7°18'13" E, www.camping-lathen.de
Ems-Marina-Camping, Marinastr. 14, 26789 Leer,
GPS 53°13'30" N, 7°25'8" E, www.ems-marina-camping

Lahn

Stellplatz am Rathaus, Mühlenstr. 30a, 57334 Bad Laasphe,
GPS 50°55'27,8" N, 8°24'43" E, www.tourismus-badlaasphe.de
Lahntours Campingplatz, Campingplatz 1, 65594 Runkel,
GPS 50°55'55,5" N, 8°24'9" E, keine Homepage
Camping Resort an der Lahn, Schleusenweg 16, 65549 Limburg,
GPS 50°23'19,96" N, 8°4'25,93" E, www.camping-resort-limburg.de
Stellplatz Camping Beachclub, Furtweg 14, 56133 Fachbach,
GPS 50°20'10" N, 7°41'27,3" E, www.camping-beachclub.de
Stellplatz an der Lahn, Im Bangert 16 A, 35781 Weilburg,
GPS 50°29'02"N, 08°15'28" E, www.weilburg.de
Stell- und Zeltplatz Lahnwiese, Limburger Straße, 35638 Leun,
GPS 50°33'5" N, 8°21'10" E, www.stell-und-zeltplatz-lahnwiese-leun.de

Rhein

Stellplatz am Kränchen, Johannesstr. 53, 56112 Lahnstein,
GPS 50°18'32,6" N, 7°35'52" E, www.wohnmobilhafen-lahnstein.de
Stellplatz am Bistro Anker, Rheinuferstr. 66a, 56341 Kamp-Bornhofen,
GPS 50°13'22" N, 7°37'10" E, www.hotel-anker.de
Camping Loreleyblick, An der Loreley 49, 56329 St. Goar,
GPS 50°8'3" N, 7°43'18,6" E, www.camping-loreleyblick.de
Stellplatz am Campingstrand, Strandbadweg 9, 55422 Bacharach,
GPS 50°3'17,8" N, 7°46'18,6" E, www.camping-sonnenstrand.de
Wohnmobilpark Bingen, Ausserhalb 11, 55411 Bingen,
GPS 49°58'9" N, 7°56'42" E, www.wohnmobilpark-bingen.de,
Campingplatz am Rhein, Kastanienallee 4, 65385 Rüdesheim,
GPS 49°58'40,8" N, 7°56'28" E, www.campingplatz-ruedesheim.de

Neckar

Stellplatz Vierburgenparkplatz, Neckargemünder Straße,
69239 Neckarsteinach, GPS 49°58'40,8" N, 7°56'28" E,
www.neckarsteinach.de
Stellplatz am Campingplatz, B 37 Uferstraße, 69437 Neckargerach,
GPS 49°23'50" N, 9°4'9,2" E, www.neckartours.de
Stellplatz am Neckar, Keltergasse, 74855 Haßmersheim,
GPS 49°18'0,8" N, 9°9'8" E, www.hassmersheim.de
Stellplatz am Neckarufer, Ulmenweg, 72108 Rottenburg,
GPS 48°28'20" N, 8°57'0,5" E, www.wtg-rottenburg.de
Stellplatz Ladenburg, Heidelberger Str. 56, 68526 Ladenburg,
GPS 49°27'54,6" N, 8°36'56", www.wohnmobilstellplatz-ladenburg.de

Donau

Stellplatz an der Inlinearena, Am Espen 8, 78187 Geisingen, GPS 47°55'13" N, 8°39'0" E, www.geisingen.de
Stellplatz an der Stadthalle, Georg-Zimmerer-Str. 6, 72488 Sigmaringen, GPS 48°5'6" N, 9°12'35" E, www.outandback.de
Stellplatz E-Park, Riedhauser Str. 60, 89415 Lauingen, GPS 48°34'21" N, 10°25'20" E, www.eepark.eu
Stellplatz Schösslwiese, Ingolstädter Str./Zur Ringmeierbucht, 86633 Neuburg an der Donau, GPS 48°44'25" N, 11°10'54" E, www-neuburg-donau.de
Stellplatz Ilzbrücke, Halser Straße, 94032 Passau, GPS 48°34'42" N, 13°28'25" E, www.passau.de

Altmühl

Stellplatz Brühlwiese, Steinweg, 91578 Leutershausen, GPS 49°17'49" N, 10°24'38" E, www.leutershausen.de
Stellplatz Panorama, Enderndorf am See, 91174 Spalt, GPS 49°09'01" N, 10°54'32" E, www.fraenkisches-seenland.de
Stellplatz an der Hammermühle, Hammermühle 3, 91804 Mörnsheim-Altendorf, GPS 49°17'49" N, 10°24'38" E, www.zeltplatz-hammermühle.de
Stellplatz Riedenburg, Volksfestplatz, 93339 Riedenburg, GPS 49°17'49" N, 10°24'38" E, www.riedenburg.de
Stellplatz am Pflegerspitz, Am Pflegerspitz 1, 93309 Kelheim, GPS 48°54'53" N, 11°52'35,6" E, www.kehlheim.de

Nahe

Sportplatz Nohen, Im Eck, 55767 Nohen, GPS 53°13'30" N, 7°25'8" E, keine hompage
Stellplatz Höhenblick, Sonnenberger Str. 8, 55767 Oberbrombach, GPS49°41'41" N, 7°15'34" E, www.wohnmobilstellplatz-höhenblick.de
Stellplatz Kiesel, Fontaine-les-Dijon-Str. / Teichweg, 55606 Kirn, GPS 49°47'3" N, 7°27'29,6" E, www.kirn.de
Stellplatz Nohfels, Hömigweg 1, 55566 Bad Sobernheim, GPS 49°46'45" N, 7°39'29" E, www.amnohfels.de
Stellplatz am Salinental, Saline Karlshalle 900-901, 55543 Bad Kreuznach, GPS 49°49'41" N, 7°51'0,4" E, www.brauwerk.info

Wiesent

Stellplatz Brauerei Reichhold, Hochstahl 24, 91347 Aufseß, GPS 49°53'2" N, 11°16'3" E, www.reichold.de
Campingplatz »Steinerner Beutel«, Hauptstr. 54, 91344 Waischenfeld, GPS 49°51'4" N, 11°20'30,7" E, www.campingplatz-waischenfeld.de
Wohnmobilpark Pottenstein, Am Langen Berg 5, 91278 Pottenstein, GPS 49°45'47" N, 11°24'31" E, www.pottenstein.de
Stellplatz am Oberen Tor, Oberes Tor 7, 91320 Ebermannstadt, GPS 49°46'58" N, 11°11'23" E, www.ebermannstadt.de
An der Regnitzbrücke, 93101 Forchheim, GPS 49°53'15,8" N, 11°2'59,5" E, www.forchheim-erleben.de

Main

Stellplatz an der Obermain Therme, Am Kurpark 1, 96231 Bad Staffelstein, GPS 50°6'30" N, 10°59'18,7" E, www.obermaintherme.de
Stellplatz der Naturfreunde, Am Hafen 8, 97437 Haßfurt, GPS 50°1'34" N, 10°30'59" E, www.naturfreunde-hassfurt.de
Stellplatz Obereisenheim, An der Mainaue 2, 97247 Eisenheim, GPS 49°53'19,7" N, 10°10'47" E, www.stellplatz-obereisenheim.de
Stellplatz Schätzlein, Mainstr. 8, 97340 Segnitz, GPS 49°40'13" N, 10°8'37" E, www.goldenen-anker-segnitz.de
Stellplatz am Fähranleger, Albertshöfer Straße, 97320 Mainstockheim, GPS 49°46'19" N, 10°9'21" E, www.mainstockheim.de

Saale

Stellplatz Hof-Bad, Oberer Anger, 95028 Hof, GPS 50°18'53" N, 11°55'10,3" E, www.hof.de
Stellplatz am Untreusee, Schaumberggrund 8, 95028 Hof, GPS 50°17'0" N, 11°55'7" E, www.hof.de
Campingplatz Saalburg-Bad, Am Strandbad 1, 07929 Saalburg, GPS 50°29'43" N, 11°43'52" E, www.saalburg-ebersdorf.de
Stellplatz Freizeitbad Saalemaxx, Hugo-Trinckler-Str. 6, 07407 Rudolstadt, GPS 50°42'18" N, 11°19'0,7" E, www.saalemax.de
Stellplatz am Bootshaus, Am Sportplatz 1, 07768 Orlamünde-Kahla, GPS 50°48'16,4" N, 11°35'36" E, www.thueringen.info
Campingplatz Unter dem Jenzig, Am Erlkönig 3, 07749 Jena, GPS 50°56'12" N, 11°36'26,3" E, www.jenacamping.de
Leuchtenburg, Dorfstr. 100, 07768 Seitenroda, GPS 50°48'14" N, 11°36'44" E, www.leuchtenburg.de
Stellplatz Marina, Fährstraße, 06198 Wettin-Löbejün OT Brachwitz, GPS 51°32'2" N, 11°52'14" E, www.wwz-halle.de

Peene

Wohnmobilpark & Camping Sommersdorf, Am Hafen 2, 17111 Sommersdorf, GPS 53°47'53,45" N, 12°52'34,11" E, www.camping-sommersdorf.de
Stellplatz Schloss Pentin, Zum Bollwerk 11, 17506 Gützkow, GPS 53°55'6" N, 13°28'4" E, www.rittergut-schloss-pentin.de
Stellplatz Anklam, Entensteig 1, 17389 Anklam, GPS 53°51'21" N, 13°40'44,3" E, keine hompage
Naturcampingplatz Lassan, Garthof 5–6, 17440 Lassan, GPS 53°56'48,7" N, 13°51'26,2" E, www.campingplatz-lassan.de
Stellplatz Hafenblick, Am Hafen 20, 17375 Mönkebude, GPS 53°46'19" N, 13°58'7" E, www.moenkebude.de

Schwarza

Parkplatz an der Talstation, L1112 August-Bebel-Straße, Obstfelderschmiede, GPS 53°46'19" N, 13°58'7" E, keine Homepage
Stellplatz Caravanpark Schwarzatal, Dittersdorfer Weg 236 a, 07422 Bad Blankenburg, GPS 53°56'48,7" N, 13°51'26,2" E, www.caravanpark-schwarzatal.de
Wohnmobilstellplatz an den Feengrotten, Feengrottenweg 2, 07318 Saalfeld, GPS 50°38'7" N, 11°20'27" E, www.feengrotten.de
Stellplatz Porzellanmanufaktur, Hauptstr. 26, 07429 Sitzendorf, GPS 50°37'53,8" N, 11°10'8,6" E, www.sitzendorf-porzellan.de

Spree und Spreewald

Stellplatz Bootshaus ESV Cottbus, Ludwig-Leichhardt-Allee, 03050 Cottbus, GPS 51°45'13,8" N, 14°20'34,7" E, nur Facebook
Erlebniscamping an den Spreewaldfließen, Vetschauer Str. 1a, 03096 Burg Spreewald, GPS 51°49'34" N, 14°8'15,3" E, www.caravan-kurcamping.de
Campingplatz Schlosspark Lübbenau, Schlossbezirk 20, 03222 Lübbenau, GPS 51°53'38" N, 13°58'39,3" E, www.spreewaldcamping-schloss.de
Stellplatz Wasserwander-Rastplatz, Dorfstr. 7, 15910 Krausnick-Groß Wasserburg, GPS 52°3'42" N, 13°51'5,6" E, www.groß-wasserburg.de
Stellplatz Marina, Spreeinsel 5, 15848 Beeskow, GPS 52°10'23" N, 14°15'17" E, www.marina-beeskow.de

Havel

Stellplatz Bahnhofstraße, Bahnhofstraße, 39539 Havelberg, GPS 52°49'50" N, 12°4'1" E, www.havelberg.de
Stellplatz am Stadtkanal, Baustraße, 14712 Rathenow, GPS 52°36'27" N, 12°20'11" E, www.westhavelland.de
Stellplatz an der Stadtmarina für 25 Wohnmobile, Am Hafen 7, 14770 Brandenburg, GPS 52°25'28" N, 12°33'13,3" E, www.stadtmarina-brandenburg.de
Stellplatz Bornstedt am Krongut, Potsdamer Str. 196, 14469 Potsdam, GPS 52°24'48" N, 13°1'42,5" E, www.parkplatzamkrongut.de
Campingpark Sanssouci, An der Pirschheide 41, 14471 Potsdam, GPS 52°21'43" N, 13°0'29" E, www.camping-potsdam.de
Stellplatz am Schlosshafen, Rungestr. 47, 16515 Oranienburg, GPS 52°45'30" N, 13°14'18" E, www.oranienburg-erleben.de

REGISTER

IMPRESSUM

Verantwortlich: Kerstin Thiele
Lektorat: Mareike Weber
Layout: Elke Mader
Repro: LUDWIG:media
Kartografie: Huber Kartografie
Herstellung: Anna Katavic
Printed in Slovenia by Florjancic

Sind Sie mit diesem Titel zufrieden? Dann würden wir uns über Ihre Weiterempfehlung freuen. Erzählen Sie es im Freundeskreis, berichten Sie Ihrem Buchhändler oder bewerten Sie bei Onlinekauf. Und wenn Sie Kritik, Korrekturen oder Aktualisierungen haben, freuen wir uns über Ihre Nachricht an: Bruckmann Verlag, Postfach 40 02 09, D-80702 München oder per E-Mail an: lektorat@verlagshaus.de.

Unser komplettes Programm finden Sie unter www.bruckmann.de

In diesem Buch wird aus Gründen der besseren Lesbarkeit das generische Maskulinum verwendet. Weibliche und anderweitige Geschlechteridentitäten werden dabei ausdrücklich mitgemeint, soweit es für die Aussage erforderlich ist.

Bildnachweis: Alle Bilder sind vom Autor außer:
picture alliance/imageBROKER: S. 117
picture alliance/HMB Media/Heiko Becker: S. 120
Shutterstock: S. 10, 12 sweasy, 16 Marcus_Hofmann, 17 Bastien Schneider, 31u. Asvolas, 33, 76 Alice-D, 38/39 Poleijphoto, 39u. Heide Pinkall, 42 Contadora 1999, 44/45 Oliver Foerstner, 54 Bernd Brueggemann, 69 Philip Lange, 70 ladipictures, 72 Mikalai Nick Zastsenski, 75 Fokke Baarssen, 78 mitifoto, 80 kraichgaufoto, 81 Steve Heap, 83 cityfoto24, 84 mapman, 86 footageclips, 89 tichr, 90/91 Gudrun Kiuntke, 91u., 146 Bildagentur Zoonar GmbH, 94 Igor Plotnikov, 96 Jumos, 99 Oxie99, 108/109 Olena Z, 115o. Pecold, 119 TPG-Shot, 123 Farbsynthese, 124 manfredxy, 126 Pond Thananat, 133 u. travelview, 154, 155o. LianeM, 155u. Nejra Hrovat, 158 ArTono

Umschlagvorderseite: mauritius images/Dmitry Naumov/Alamy
Umschlagrückseite: o.l. Die Saale; o.r. Stellplatz direkt am Fluss; u.l. Lateiner Marsch; u.r. Saalfeld an der Schwarza (alle Bilder vom Autor)
Klappe vorne: o. Stellplatz Marina in Brandenburg/Havel (Autor); Neuburg an der Donau (Autor); Weserbrücke bei Hameln (shutterstock/Poleijphoto)

Die Deutsche Nationalbibliothek verzeichnet diese Publikation in der Deutschen Nationalbibliografie; detaillierte bibliografische Daten sind im Internet über http://dnb.d-nb.de abrufbar.

2. Auflage

ISBN 978-3-7343-1699-9